Memorias de Pilsen

Recuerdos de lucha de un barrio mexicano en Estados Unidos

Antonio Zavala

Memorias de Pilsen

Recuerdos de lucha de un barrio mexicano en Estados Unidos

Antonio Zavala

Tenoch Press

Memorias de Pilsen
Recuerdos de lucha de un barrio mexicano
en Estados Unidos

Copyright © 2018 by Tenoch Press

Copyright © 2018 by Antonio Zavala

ISBN-10: 1724235222
ISBN-13: 978-1724235220

Printed in the United States of America

Arte de portada: Carlos Cortéz, The Struggle Continues / La lucha continua, 1986, woodcut, N.N., 17 5/8" x 22 5/8" (paper size), National Museum of Mexican Art Permanent Collection, 1997.1, Gift of the artist, photo credit: Kathleen Culbert-Aguilar

"La palabra no es la voz que se dice ni el signo que se escribe. La palabra viene de la conciencia".
—Ermilo Abreu Gómez,
autor mexicano del libro *Canek*

CONTENIDO

Presentación

Mi nombre es Antonio Zavala Magaña. Yo nací en el pueblo de Coeneo, Michoacán, México. Mis padres fueron Abundio Zavala González y Victoria Magaña Tapia.

Mi padre era del rancho de La Puerta de Jaripitiro y mi madre del rancho de San Pedro Tacaro, ambos en Michoacán, México.

Yo fui el último de siete hijos. Mis hermanos son Rosendo, Evelia, Maria Luisa, Aurora y Ricardo. Una hermana, Consuelo, murió después de nacer.

Cuando mi padre murió en 1950, me llevaron a vivir al Rancho de la Puerta de Jaripitiro. Ahí viví por nueve años con mi abuelo paterno Ricardo Zavala Chávez y mis tíos.

En 1959 mi madre nos trajo a mi, Aurora y Ricardo a vivir a los Estados Unidos.

Nos instalamos en Chicago en el barrio de la Taylor y Miller en lo que se conoce como La Pequeña Italia. Tenía yo apenas diez años.

Asistí a la primaria Jackson y luego a la Secundaria Wells en el norte de la ciudad.

Después de la secundaria me fui a estudiar a la Universidad de Iowa en Iowa City.

Al graduarme regrese al barrio Pilsen donde he trabajado por muchos años en varios trabajos. Sin embargo, la mayor parte ha sido trabajar de escritor y reportero.

Desde mis años en la secundaria, en la década de los 1960s, comencé a tomar parte en las protestas contra la Guerra de Vietnam.

Ya en la universidad esto se expandió al activismo Chicano. Ahí organice una unión estudiantil y funde, junto con dos compañeras de lucha, Ruth Pushetonequa y Rusty Barceló, un centro cultural Chicano.

Hasta este día, ese centro aún existe como un refugio cultural para los estudiantes mexicanos, Chicanos y Latinos de todo el país que van a estudiar a esa universidad.

El activismo en la universidad también tomo otras formas como organizar apoyo a la lucha de Cesar Chávez y hablar con las comunidades hispanas aledañas en Iowa y cerca del Rió Misisipi, en el lado de Illinois, a que se organizaran y mandaran a sus hijos a estudiar al colegio.

Las memorias que a continuación siguen se enfocan en el barrio Pilsen de Chicago, un barrio mexicano que vio nacer muchas luchas y fue una inspiración para todos los mexicanos e hispanos de la ciudad.

Afirmo que este no es un estudio ni mucho menos un análisis socio-político. Son meramente las memorias de un activista que vivió mucho de lo que aquí se presenta.

Espero que esta sea una lectura por el placer de leer y nada más. Les prometo que no habrá un examen al final del libro, así que pueden leer estas memorias a pata suelta.

Solidaridad,
Antonio Zavala,
Autor

Antonio Zavala, 1970

Capítulo 1:

La 18

De la 18, yo no sabía mucho al principio. Mi familia había llegado al barrio Little Italy de Chicago en 1959. Ahi vivimos hasta 1971 cuando se mudo mi familia a la 26, otro barrio al suroeste de la 18 que cada día tenía más mexicanos.

Toda la turbulenta década de los años 60s la pasamos en tres apartamentos diferentes de la calle Miller. Ahi en Little Italy, o La Pequeña Italia, fui a la escuela y después de ahí a la secundaria Wells.

La secundaria Wells quedaba fuera de la Pequeña Italia así que yo tomaba dos autobuses de la ciudad para poder llegar ahi. Tomaba el bus de la Taylor hasta la Avenida Ashland y de ahi tomaba otro, rumbo norte, hasta la Augusta Boulevard.

Este viaje lo hacía a diario de lunes a viernes y por lo regular no pasaba nada interesante durante estos viajes, los cuales creo que en esa época costaban 25 centavos a los estudiantes. Inmediatamente después de la Pequeña Italia, pasando la Avenida Racine, estaba un complejo de viviendas públicas llamadas Jane Addams que desde la primaria habíamos aprendido que por ahi no se pasaba de noche ni a solas. Los fines de semana si se podía pasar por ahi y en hecho mi madre Victoria y nosotros--Aurora, Ricardo y yo-- caminábamos por la Taylor hasta la Ashland y doblábamos sur hasta la Roosevelt, donde estaba un cine mexicano El Tampico. Las visitas al cine Tampico eran como resucitar de nuevo con nuestra cultura. Ahi mirábamos las películas del Indio Fernández, Maria Félix, Piporro, Clavillazo, Viruta y Capulina y hasta las del Santo, el Enmascarado de Plata. El lobby del cine olía a palomitas con mantequilla y aunque el cine era muy pequeño había un aire festivo y de conexión con algo más allá de las fronteras. El noticiero, o newsreel, mexicano era lo que más me impresionaba a veces. Al ver el noticiero con el presidente Adolfo López Mateos inaugurando nuevas carreteras y puentes me daba la sensación que la vida en México continuaba a pesar que nosotros estábamos ahora tan lejos.

Otra atracción que pasaba a diario en mi viaje a la escuela era pasar por el cine Las Américas, el cual estaba en la esquina de la Madison y la Ashland. Este cine con su marquesina me daba aun en ese entonces la certeza que de una forma u otra el idioma español se imponía. En esa época no había televisión en español, y muy pocos programas de radio en español, y el cine era el reducto, el transmisor, de la cultura. Era un refugio estar sentado en un cine en esa época y ver hablar español a los artistas por unas tres horas y media (pues siempre pasaban dos películas) sin sentir el aplaston de la cultura anglosajona.

Ahi mismo en esa esquina estaba un anuncio de un producto de lustrar carros cuyo símbolo era una tortuga gigante en lo alto del edificio.

En la secundaria tenía unos cuates que habían estado conmigo en la primaria en la Pequeña Italia y otros nuevos amigos que fui haciendo. Entre ellos había mexicanos, puertorriqueños y polacos. Casi todos éramos de la clase obrera y el estilo de vestir en esa época, en que ya habían brotado los Beatles y los Rolling Stones por donde quiera, era usar chamarras largas de cuero color negro. Este era básicamente el uniforme. Yo nunca llegue a tener una de esas chamarras, pero veía que los que las usaban en la secundaria no las querían dejar en sus lockers y las usaban todo el dia—adentro y fuera de la clase—por lo cual a veces les daban detenciones por no *"verse mas decentes"* y menos gangsteriles.

La Pequeña Italia era un pequeño oasis de inmigrantes italianos que poco a poco estaban siendo desplazados por nuevos inmigrantes mexicanos. La Pequeña Italia se extendía desde la Halsted al este hasta la Harrison al norte, hasta la Roosevelt en el sur y de la Taylor y Racine hasta la Ashland, excepto por el complejo de viviendas públicas que daba un espacio viviente a los afroamericanos y que fue, en años más tarde, demolido.

Viviendo en la Pequeña Italia yo llegue a ver vagones jalados por caballos en los cuales los vendedores ambulantes italianos vendían frutas y legumbres. Me acuerdo que en la esquina de las calles Morgan y Blue Island, antes de que se cerrara esa avenida para construir la Universidad de Illinois en Chicago, había un almacén donde herraban caballos, les ponían herraduras.

La Pequeña Italia misma estaba llena de vida. Durante el verano las familias se salían afuera a sentarse en los *porches* a desahogarse del intenso calor. Yo llegue a pasar por la famosa Hull House, aunque nunca entre ahi. Ahi daban clases de Ingles para los inmigrantes mexicanos, italianos y demás etnias.

Sobre la calle Halsted estaba una creciente presencia mexicana con muchas tiendas en donde ahora esta la Universidad de Illinois. Casa Escobar, Restaurante Tlaquepaque, Carnicerías Monterrey y otros comercios dotaban la calle Halsted de una atmosfera mexicana.

Por igual, donde ahora están los lotes de estacionamiento de la universidad en la Roosevelt y Halsted y en la Racine y Harrison, ahi estaba lleno de viviendas, muchas de ellas habitadas por gente de México y texano- mexicanos que habían llegado huyendo del racismo del estado de Texas.

En mis propias clases de primaria, pues comencé en el cuarto grado, había estudiantes italianos, mexicanos, tejanos y afroamericanos.

Desde el exterior de nuestro humilde apartamento vi como surgía hacia el cielo el edificio de la administración de la universidad, el más alto. Poco a poco la gente mexicana se fue mudando de la Pequeña Italia al barrio de la calle 18 y al barrio de la calle 26.

Así desapareció la calle Taylor, de la calle Morgan hasta

la calle Halsted, y toda la Halsted, desde la calle Roosevelt hasta la calle Harrison, donde había tiendas, peluquerías, disqueras y librerías mexicanas, como la de Casa Escobar.

También desaparecieron cuadras y cuadras de edificios y apartamentos que habían sido lugares de vivienda para muchos inmigrantes de México y de Texas en las calles Aberdeen, Morgan, Flournoy, Carpenter, Polk y Harrison. Se calcula que la construcción de la Universidad de Illinois en Chicago desplazo a ocho mil habitantes. Entre ellos cuatro mil ochocientas fueron inmigrantes mexicanos. La universidad, un proyecto del entonces alcalde Richard J. Daley, también causo la destrucción de ochocientas viviendas, muchas de ellas con apartamentos en donde vivían personas de bajos recursos. También se cerraron seiscientos veinte negocios, entre ellos muchas tiendas y restaurantes mexicanos.

La forma que lograron desplazar a tanta gente fue prometiendo que les construirían nuevas viviendas a bajo costo, algo que la administración del entonces alcalde Richard J. Daley nunca cumplió.

Yo, por esa época, tendría unos 12 años y no sabiendo ingles, realmente no supe a conciencia de la lucha de Florence Scala de salvar esta área. Me acuerdo haber visto las noticias, pero por no saber el idioma ingles y no entender la lucha, no supe lo que en realidad estaba pasando. Ya hasta mucho después comprendí que inclusive la Señora Florence Scala, que vivía en la esquina de la Miller y Taylor y siempre pasaba por nuestra cuadra paseando a su perro, había llevado hasta la Suprema Corte su intento de salvar a esta comunidad de inmigrantes italianos y mexicanos de ser destruida.

Un frio día en febrero de 1961 Scala y el resto del Near West Side, como se le llama a este vecindario en los mapas de la ciudad, recibieron un pronunciamiento desde lo alto de City Hall que los sorprendió. La ciudad planeaba construir un nuevo campus para la Universidad de Illinois en su vecindario y la ciudad dijo que se necesitarían unos 105 acres de tierra cerca de Halsted y Harrison.

"Fue una bomba", dijo después Florence Scala a Studs Terkel en su libro *División Street América*. "Lo que nos sorprendió fue la cantidad de terreno que decidieron tomar; iban a demoler nuestra comunidad entera".

Dos días después, Scala organizó una delegación de 150 mujeres y se dirigió al Ayuntamiento para protestar contra el proyecto del campus. Richard J. Daley trató de persuadirlas para que cedieran. Les prometió que construiría nuevas viviendas.

A pesar de las promesas vacías, Scala continuó organizando protestas y plantones, *sit-ins* en inglés, después de que los residentes del área formaran el Grupo Comunitario Harrison-Halsted para luchar contra el desplazamiento y la construcción de la universidad.

Pero en la emblemática ciudad de los vecindarios, un barrio de inmigrantes étnicos como La Pequeña Italia, al parecer no valía la pena preservar, de acuerdo con los altos poderes que querían a este barrio para el campus universitario.

La ciudad y el consejo administrativo de la universidad

habían rechazado 54 acres de terreno baldío en el vecindario de West Garfield Park, donde nadie sería desplazado. Daley y los síndicos de la universidad de Illinois querían lo que entonces se conocía como "el vecindario Hull House", el centro de gravedad para las personas que retaban a los concejales, a la rica clase mercantil y a las instituciones que ignoraban o pisoteaban a los pobres y en particular a los nuevos inmigrantes.

"Uno de sus (Richard J. Daley) comentarios que él hacía cada vez era que amaba a los vecindarios, y quería mantener la ciudad unida a través de sus vecindarios. A él realmente le importaban un comino los barrios cuando llegaba el momento decisivo", dijo Scala años más tarde a la Radio Pública de Chicago. "Si de alguna manera algo estaba en el camino de sus planes futuros, un vecindario no le importaba mucho".

La comunidad italoamericana ya para entonces había perdido a la iglesia Holy Guardian Angel, construida en 1892 por inmigrantes italianos, a la nueva autopista Dan Ryan al lado este del vecindario. Ahora se habían trasladado y reconstruido su iglesia histórica en el 860 al oeste de la calle Cabrini, justo al lado de avenida Racine, y ahora, también, temían que se fuera a cerrar. No era justo, dijeron.

Las protestas continuaron, incluyendo las protestas de los inmigrantes mexicanos y las cartas a los periódicos hispanos como El Informador, pero la ciudad ya tenía la mira puesta sobre la Pequeña Italia. Y además Florence Scala se estaba convirtiendo en una amenaza para el nuevo proyecto del campus.

Un día de octubre de 1962, alguien arrojó una bomba en la casa de Florence Scala, la cual estaba sobre la calle Taylor. Nadie resultó herido, pero durante un tiempo ella y su familia se vieron forzados a vivir en otro lugar. A pesar de ese violento incidente, Scala continuó dirigiendo la oposición contra el campus de la Universidad de Illinois hasta el 28 de marzo de 1963 cuando la Corte Suprema falló a favor de la ciudad.

Bajo la presión de las excavadoras que pronto avanzarían sobre la Pequeña Italia, incluyendo sobre el histórico complejo de edificios de Hull House, un centro de conciencia social para muchos, Scala y Jesse Binford, una socia de la finada Jane Addams, solo pudieron salvar la casa original de Hull House de ser arrasada. La junta de fideicomisarios de Hull House aceptó $875,000 por los otros edificios, una decisión contra la cual Scala estaba firmemente opuesta.

Artistas y escritores de esa época pidieron a la ciudad que no destruyera el asentamiento Hull House. Entre esas voces se encontraba la del senador Paul Douglas, de Illinois, quien calificó la demolición de Hull House como "vandalismo histórico".

Más tarde, en 1964, Florence Scala se postuló para regidor del 1er Ward, pero fue derrotada por la Maquinaria Demócrata del alcalde Daley de esa época. Era evidente, como dice el dicho legendario, que Chicago no estaba lista para ser reformada.

Hacia el final de su vida, el único arrepentimiento que Florence Scala tuvo fue que ella y el Grupo Comunitario Harrison-Halsted no hubieran intentado protestar aún más fuerte. Algunos de los residentes le habían instado a hacerlo, incluso protestar contra la Arquidiócesis Católica, pero ella se contuvo.

Scala temía que el establecimiento hubiera pensado que ella y los otros manifestantes eran un grupo de descontentos e inmigrantes ignorantes que no apreciaban la educación superior.

"Al pensar en ello ahora, las respuestas instintivas de la gente, que se piensa que no tienen educación, fueron mejores que las mías, estaba muy ansiosa de que no se nos considerara personas de los barrios marginados, muchos de nosotros, italianos. y mexicanos ", le dijo más tarde al escritor Terkel.

Florence Scala siguió viviendo en el mismo barrio donde había vivido toda su vida. Su hogar estaba en la franja de la Pequeña Italia que las excavadoras salvaron. Ella finalmente abrió un restaurante de moda en 1980 llamado *Florence*, por la ciudad italiana, hasta que lo cerró definitivamente en 1990.

Retomando estas memorias recuerdo que sobre la misma calle Taylor, no muy lejos de la Halsted, también estaba Fernando's Barber Shop, donde todos los mexicanos iban a cortarse el pelo. Ahi mismo trabajaba un joven llamado Cuco "El Pachuco" Arellano, a quien después de todos estos años aun lo veo de vez en cuando caminar por la calle 18.

Sobre la Taylor también estaba Blondie's Hot Dogs, al cual acudían tanto italianos, afro-americanos como los mexicanos.

Habiendo llegado de México recientemente todo esto

era para mí una novedad. Yo me sentía solo en esta ciudad y anhelaba estar en mi rancho de La Puerta de Jaripitiro, allá en el norte de Michoacán.

Cerca de la Pequeña Italia también estaba la iglesia de San Francisco de Asís, una iglesia católica sobre la calle Roosevelt, no muy lejos de la calle Halsted. Aunque no éramos muy religiosos, ahí llegamos a frecuentar de vez en cuando para escuchar la misa del domingo en español.

Posteriormente, mi hermana Aurora ahi se casaría en 1966 y mi hermano Ricardo llego después a pertenecer a la Juventud Católica, un grupo de jóvenes mexicanos de esa iglesia. Ricardo después se iría a enlistar en la Naval de este país.

Mis años en la primaria Jackson transcurrieron sin incidente alguno con la excepción que un dia de invierno cuando estábamos en recreo yo me resbalé en el hielo y caí sobre mi brazo izquierdo, fracturándome el brazo arriba de la muñeca. Pero yo, en vez de regresar a la escuela, pues acababa de sonar la campana para regresar a clases, me fui a nuestro apartamento que por entonces estaba atrás de la tienda de Ray y Angie Vela, allá en la avenida Racine cerca de la calle Taylor. Ellos eran unos amigos de mi madre. Ahi me quede poniéndome lienzos de agua tibia sobre me brazo hasta que llego Victoria, mi madre, y me llevo al Hospital del Condado Cook. Ahí me quede una noche.

Fue en esta escuela que por primera vez me empezaron a enseñar a leer en Ingles. Mi primera maestra en este país, Mrs. Schwartz y ella le ordenaba a una estudiante llamada Guadalupe que se sentara afuera en el pasillo conmigo y me enseñara a leer Ingles. En ese entonces se usaban los libros de *See Spot Run* y fue así que comencé a escuchar y a pronunciar las silabas en inglés. Todavía hoy me acuerdo de esos tiempos y pienso que fue un milagro que aprendí a leer, escribir y hablar inglés.

Como mencione antes en esta escuela pública también había estudiantes mexico-americanos que habían llegado de ciudades de Texas o sea que habían nacido ahí de padres mexicanos. Fue jugando durante el recreo en la escuela Jackson que comencé a escuchar por primera vez el calo. Un estudiante de Texas, llamado Peter, usaba palabras extrañas y exóticas, para mí, ya que yo nunca las había escuchado en Michoacán. Las palabras *"chante"*, *"vato"*, *"watcha"* y *"marketa"* las escuche por primera vez durante el recreo en la escuela Jackson.

Peter a veces decía a otros cuates, *"No te escames, vato"* y yo me quedaba de a seis.

Lejos estaba yo de imaginar que en poco tiempo surgiría un movimiento llamado Chicano que se mofaría de usar precisamente estas palabras consideradas excluidas del mundo civilizado y que todo mexicano de esa época rechazaba por considerarlas del uso exclusivo de la clase baja.

Eran los años 1960s, tiempo en que los vientos y todo lo demás reclamaban un cambio.

Un cambio que arrasaría a los viejos prejuicios y a las actitudes caducas de las instituciones que en vez de ayudar a la humanidad avanzar, la estaban deteniendo.

Con la muerte de Martin Luther King Jr. en 1968 el país entero entro en un trauma de culpa y entonces las universidades blancas idearon dar dinero para que estudiantes afroamericanos y mexicanos pudieran ir a las universidades a estudiar.

Fue así que conseguí una beca con todos los gastos pagados para ir a estudiar a la Universidad de Iowa en el pequeño poblado de Iowa City, en el estado de Iowa.

Yo había estado por unos años, mientras estudiaba yo en la Secundaria Wells, en el programa Upward Bound de la Universidad de Illinois en Chicago (UIC. Este programa y sus maestros como Doug Casement me ayudaron a dejar la Pequeña Italia, donde termine de crecer, y viajar a Iowa City para comenzar una nueva etapa en mi vida.

Capítulo 2:

¡Ya Basta!

Yo estuve en la Universidad de Iowa, en Iowa City, estudiando desde el año 1968 (año de luchas, madrizas y revueltas en el mundo entero) y de vez en cuando (si es que tenía para el pasaje, que en realidad en esa época no era mucho) yo venia a Chicago a visitar a mi familia.

Ya para entonces eran menos los mexicanos que sobraban en la Pequeña Italia. Muchos de mis amigos de la primaria ya no estaban y mucho menos los pocos amigos del mismo barrio que habían ido a la secundaria Wells conmigo en el 1964.

Durante estos años mi hermano Ricardo había salido de la Naval y había entrado al colegio Loop y al mismo tiempo se había hecho cuate con miembros del grupo OLAS o sea la organización de estudiantes latinoamericanos. Había muchos de ellos ahi y querían crear conciencia en la escuela y fuera de ella. Ahi estaba Carlos Heredia, Omar López, Jesús Negrete, Edgar Najera, Guillermina Ramírez, Aurelio Ace-

Diana Solís y Antonio Zavala, en la Universidad de Illinois, circa 1974

vedo, Virginia Martínez, Teresa Reyes, Vicente Guerrero, Magda Guzmán, Carlos Salazar, Armando Almazán, Braulio González, Benjamín Pintor, Juan Estrada y otros más.

Resulta que en uno de estos viajes me invitaron a visitar a OLAS en el Centro de la Causa, en la 17 y Halsted, porque ahi ellos tenían una oficina y los dejaban usar el espacio. Los lectores deben recordar que por estos tiempos estaba la lucha del gran Cesar Chávez, un organizador de diminuta estatura casi al igual que Benito Juárez, pero de un alcance grandísimo pues había empezado a organizar a los trabajadores agrícolas en California.

También por esa época, creo que, en 1969, se había organizado una convención de jóvenes en Denver, Colorado, auspiciada por Rodolfo "Corky" González y la Cruzada para la Justicia. En esta convención había salido el famosísimo *Plan Espiritual de Aztlán*. Aunque si pura onda poética, este simple documento había creado en la juventud deseos de desprenderse espiritualmente del Tío Sam y buscar otra salida a la cuestión de la identidad, la cultura y la sobré vivencia en el barrio.

Yo quedé impresionado con ese grupo y mantuvimos contacto ya que yo y Ruth Pushetonequa, una indígena de la tribu Mesquakie de Iowa, habíamos organizado en Iowa City una unión estudiantil de Chicanos e indígenas americanos, además de un centro cultural con la ayuda de Nancy "Rusty" Barcelo, una chicana nacida en Merced, California. Después este grupo de OLAS nos ayudo a reclutar estudiantes de Chicago y algunos miembros de OLAS decidieron irse a estudiar a Iowa, entre los cuales estuvo mi hermano

Ricardo Zavala, Armando Almazán, Benjamín Pintor, José Izaguirre, Víctor Heredia, Héctor Gamboa y Miguel Rodríguez.

Ya estando en Iowa City, con más gente de Chicago, fue más fácil organizar otras cosas y continuar los lazos con Chicago ya que era una ciudad muy grande y con el mayor numero de mexicanos en el medio oeste. Es así que a veces algunos viajaban a Chicago y traían noticias y comida, incluyendo tortillas, para poder sobrevivir la comida de los dormitorios en Iowa City.

Ya después algunos estudiantes viajaban a Chicago a juntas o a ver el desfile patrio mexicano cada septiembre y regocijarse con el chingo de gente que era La Raza.

En Chicago en 1973 hubo una bronca en una secundaria de dos años llamada Froebel. Ahi, igual que en Los Ángeles, los estudiantes mexicanos habían reventado de coraje a las malas condiciones, los malos tratos de maestros blancos y a la falta de inclusión de la cultura e historia de los mexicanos. Creo que hubo hasta golpes y arrestos.

No sé qué extraña magia tuvo el año 1968 pero creo que ya después de este año todas las experiencias buenas y malas se iban colando, mezclando y configurando para poder engrandar la lucha ya fuera en los barrios o en las universidades y secundarias.

Si algo había por estos mágicos tiempos eran ganas de luchar, de cuestionar, de examinar, de explorar, de escribir, de pintar, de cantar, de gritar. Y, en hecho, mucho del tiempo en esos años si no estábamos discutiendo algo, ¡estábamos marchando y gritando "Viva La Raza!", "Chicano Power!",

"Viva La Causa!" y otras consignas.

Ya después de la universidad los que estábamos en Iowa City nos venimos de nuevo a vivir a Chicago a comienzos de los años 1970s. Unos se convirtieron en maestros, otros de otras cosas, pero todos muy concientes de participar de una forma u otra en el barrio que para fin de cuentas el barrio para nosotros solo significo la 18, el llamado barrio Pilsen.

Yo entre a trabajar en una biblioteca que estaba en la avenida Blue Island que de vez en cuando era acosada por borrachos que entraban diciendo majaderías a las bibliotecarias. Más que bibliotecas estas eran unas ratoneras pues así eran de pequeñas. Para ese entonces unos pocos libros se consideraban la "colección en español". No había presupuesto, no había personal y los *clerks* y *pajes* muchas veces eran los que atendían a la clientela en español pues en ese entonces las bibliotecarias eran todas anglosajonas.

Estos años eran también los años del "carnalísimo". Esta palabra encerraba en su embrujo el hecho de que todos los mexicanos que vivíamos en el barrio éramos "carnales" o hermanos y por eso debíamos ayudarnos unos a los otros. Y es por eso que en esta época si había una protesta por trabajos, contra una escuela, contra una dependencia federal o contra cualquier mal, ahi estábamos muchos de los que integrábamos los grupos de la 18. Creo que este "carnalísimo" fue la espiga de oro que al fin dio mucho fruto pues la presión de muchos es siempre más fuerte que la de unos pocos.

Creo que no existió en la ciudad y en la 18 ningún sitio

durante la década de los años 1970s en donde no se pique-
tio, marcho, protesto, grito, demando y canto. Porque eso
si, en esos años o llegaba Jesús Negrete y sus hermanas a
cantar durante la protesta o llegábamos los de La Compañía
Trucha o los del Teatro del Barrio para hacer skits, actos y
solidarizar mas con la lucha. Los lugares tan remotos de las
protestas de los activistas de Pilsen fueron las escuelas, los
sitios de trabajo, las dependencias como la Junta de Educación, la Oficina de Correos, la Iglesia Católica, los hospitales,
las oficinas de los aldermen (en ese entonces Vito Marzullo),
las estaciones de la policía y las oficinas de La Migra y las
cadenas de comida que vendían uvas durante el gran Boicot
de la Uva.

Entre las razones por que se protestaba en esos tiempos
era la falta de recolección de la basura, la falta de educación
bilingüe, la falta de maestros que hablaran español, la falta
de directores que hablaran español, la falta de facilidades
para los alumnos (algunos estudiaban en los closets y en los
pasillos), la falta de trabajos, la falta de protección policíaca
y los abusos de la misma, la falta de escuelas y la sobrepo-
blación, los derechos de los inmigrantes, los abusos de la
Migra y sus redadas, la falta de interpretes en los hospitales;
la falta de latinos trabajando en la CTA y la Oficina de Correos, la falta de latinos en la ciudad, la falta de bibliotecas
en el barrio, la falta de material en español y la venta de
uvas o lechuga en los comercios piqueteados por la Unión
de Campesinos de Cesar Chávez.

Ya una vez que había pasado mucho tiempo y yo era ya
un reportero del West Side Times, un periodico en ingles del

barrio, me puse a contemplar esos años y escribí un articulo. Creo que llegue a nombrar a más de 70 activistas de esa época que anduvieron en los caminos de la lucha que hizo de Pilsen una comunidad de mucho respeto a nivel nacional. Para que ustedes también los recuerden aquí están los nombres, en ningún orden particular: Rudy Lozano, Lupe Reyes, Rita Gallegos, Pablo Torres, Raquel Guerrero, Maria Saucedo, Rita Bustos, Martín Cabrera, Marcos Muñoz, Lola Navarro, Arturo Vázquez, José Valdivia, Ramiro Borja, Ricardo Zavala, Héctor Gamboa, Magdalena García, Terri Medina, Lillian Cruz, Phil Ayala, Inés Loredo, Francés Sandoval, Humberto Salinas, Lucy Gutiérrez, Guillermo Gomez, Albert Vázquez, Mary González Koenig, Rev. Charles Dahmn, Juan Morales, Danny Solís, Teresa Fraga, Mary González, Luz Prieto, Sandra Castillo, Carmen Villareal, Jane Garza, Adelia Hurley, Imelda Mora, Filiberto "Cookie" Ramírez, Tony "Bear Cat" Morales, Rev. James Collaran, Carlos Arango, Jose Gamaliel González, Frank Gallegos, Lidia Romero, Marcos Raya, Salvador Vega, Cristina Vital, Noe Márquez, Father Harrington, Jessica Valencia, Carmen Velásquez, Madelyn Carrasco, Juan Velásquez, Rev. Alex Kasper, Laura Paz, Virginia Martínez, Cesar Olivo, Oscar Téllez, Linda Coronado, Rudy "Pigeon" Flores, Isaura González, Bernardino Echeverría, Roland "Frog" Espinoza, Jose Duque, Santa, Juanita y Rosa Negrete, Susy González, Margarita Romero, Maria Luisa Casas, Jesús "Chuy" Negrete, Refugio "Reggie" González, Aurelio Díaz y Eleazar Mascorro y este servidor, Antonio Zavala.

En esa época también las luchas del exterior nos importaban mucho en el barrio de la 18. La tragedia de Chile en 1973 nos impacto mucho. Recuerdo que protestamos por eso y cuando Ángel Parra y su hermana Isabel Parra vinieron a la Universidad de Illinois, este fue un gran momento. Después llegaron familias de chilenos al barrio, muchos de ellos concientes de lo que los Chicanos en el barrio estaban logrando.

También protestábamos afuera del barrio contra la Guerra en Vietnam, en solidaridad con las huelgas como la de Farah, con la revolución nicaragüense y la revolución en El Salvador. Lo de México '68, cuando cientos de estudiantes fueron acribillados, también creo que nunca se nos olvido y nunca se nos olvidara. De vez en cuando también íbamos a protestar frente al consulado mexicano, que en esa época estaba en la calle Van Buren, en el centro, por los derechos de los cuates en México.

Del 1970 para acá creo que un gran número de organizaciones crecieron en el barrio 18, me imagino que de igual manera sucedió en otros barrios de la nación. Pero aquí en este barrio nosotros vimos nacer y crecer muchas organizaciones que a lo lejos del tiempo han venido haciendo una labor extraordinaria a favor de los pobres, de las mujeres, de los inmigrantes, de los estudiantes, de los obreros, de los artistas, de los mexicanos, de los jóvenes.

¿Y que era Pilsen o la 18 antes de esto? Pues creo que era una comunidad coartizada, mutilada, muda, llena de sombras y miedo. La 18 era un cuerpo medio muerto que poco a poco se levanto, revivió y se revistió de dignidad, orgullo y cultura.

Antonio Zavala y el líder nativo americano Dennis Banks, 1971

Anuncio de Elgin Watch en el *Chicago Tribune,* circa 1970

Capítulo 3:

La Marcha del Parque Zapata

Muchos se han de preguntar porque le llaman Parque Zapata al Parque Harrison de Pilsen.

Eso tiene su historia y es esta.

Corría el año 1970 cuando el día 24 de mayo apareció un anuncio de la compañía de relojes Elgin en la revista Tribune de la edición dominical del diario Chicago Tribune.

El anuncio hacia la falsa alusión que Emiliano Zapata, el Caudillo del Sur, había ordenado matar en 1914 a cualquier empleado de los ferrocarriles que escondiera su reloj Elgin por ser considerado valioso.

La implicación era que a Zapata le gustaba robarse los relojes Elgin de los empleados.

"Tu nuevo Elgin es mejor que los Elgins por los cuales Zapata estaba dispuesto a matar en 1914", decía el anuncio en inglés, arriba de una imagen de Zapata con unos lujosos relojes Elgin sobre su rostro.

Después de elogiar a su producto, el anuncio terminaba

diciendo, "Es una buena cosa que Zapata desapareció. El estuviera robando Elgins tan rápido como los pudiéramos fabricar".

No tardo mucho para que los residentes mexicanos de la comunidad se quejaran del anuncio. Esta era la época en que los mexicanos del país habían forzado a la compañía Frito Lay a cancelar anuncios racistas en donde una caricatura, obviamente mexicana, aparecía con bigote, sombrero y pistola anunciando los productos de esta compañía como el "Frito Bandito."

Una persona que se quejó con un vice-presidente de la compañía Elgin fue el Dr. Jorge Prieto. Según Mike Royko, el legendario columnista del entonces Chicago Daily News, esta es la conversación que se sostuvo.

"Nosotros pensamos que el anuncio era chistoso," dijo el vice-presidente.

"Qué diablos quiere decir con chistoso," dijo el Dr. Prieto.

"Nosotros pensamos que es algo divertido," dijo el vice-presidente.

Bueno la comunidad no vio nada chistoso ni divertido en hacer creer al público que Zapata era un roba relojes cual quiera. El sábado 6 de junio de 1970 se organizó una marcha desde el Parque Harrison hasta la torre del *Tribune,* en el centro de la ciudad, para protestar por el ofensivo anuncio.

En un volante en ingles de la época, que alguien me proporciono, pude encontrar la información sobre la marcha.

En letras grandes el volante dice "La Necesidad de Marchar Esta Aquí." Luego en medio el volante dice en inglés

"Se Requiere el Apoyo de Cada Chicano y Chicana".

La primera referencia a este parque como Parque Zapata esta en este volante. Después de explicar la necesidad de marchar, en letras chicas el volante dice "Adjúntense en Zapata Park-Harrison Park, Wood y 18, junio 6, 1970." Ahí se les pide, a los que trabajan los sábados, tomar el día libre para defender a Emiliano Zapata y sus principios.

Luego unas instrucciones: "Desde Zapata Park marcharemos a las oficinas de OLAS, 18 y Halsted, y de ahí hasta la Torre del Tribune".

Al final, el volante dice en español La Raza Despierta y lo firma la Asociación de Grupos Comunitarios.

A esa marcha se calcula que fueron de unas 400 a 600 personas, una cantidad bastante grande para esa época y entre ellos estudiantes, líderes y miembros de la comunidad.

Al llegar al Tribune, al Dr. Prieto y algunos otros líderes más les permitieron sostener una reunión con el jefe de publicidad del periódico.

El grupo de latinos se asombró al escuchar al jefe de publicidad informarles que, en toda honestidad, él nunca había escuchado de Zapata.

"Entonces," el Dr. Prieto después le contó a Royko, "él nos aseguró que él personalmente quería a los mexicanos. Él dijo que él viajaba a México cada invierno y que algunos de sus mejores amigos eran mexicanos. Cuando dijo eso, algunos de los jóvenes se levantaron y se salieron de la reunión. Pero a pesar de que algunos de sus mejores amigos eran mexicanos, no nos podía garantizar que no volvería a correr el anuncio otra vez."

La marcha fue cubierta por el mismo Chicago Tribune un día después, el 7 de junio de 1970, en su edición del domingo.

En una breve nota en la página 9 apareció una foto con los manifestantes en frente de la Torre Tribune. El encabezado lee en inglés "Manifestantes en el Tribune" luego la nota, traducida al español, lee así: "Cerca de 500 miembros de la comunidad México-Americana piquetearon ayer frente al Tribune Tower para protestar por un anuncio el cual aprecio en la revista del Tribune el 24 de mayo".

"El Dr. Jorge Prieto, el vocero del grupo, fue crítico del anuncio de la compañía de relojes porque dijo que Emiliano Zapata, el revolucionario mexicano, mataba para obtener relojes. De esa manera marcaba al héroe de la Revolución Mexicana como un bandido, él dijo".

"Información contenida en el anuncio fue falso y difamo a ambos Zapata y a las personas de ascendencia mexicana, él dijo. "

"Donald. A. Starr, el asistente gerente editorial del Tribune, acordó a su petición conferenciar con el Dr. Prieto y otros dos representantes de la comunidad para escuchar sus reclamos. Los otros dos fueron Miss Consuelo Gaytán y José Carlos Gómez, presidente y publicador de El Informador, un periódico en español".

"Starr le aseguro a los tres que sus quejas serian estudiadas y que el asunto ya había sido discutido con la agencia publicitaria y la compañía de relojes".

"Starr dijo que un reporte completo de su reunión seria dado al editor del diario Tribune".

"Los manifestantes marcharon a la Torre del Tribune desde el Parque Harrison, en las calles 18 y Wood."

Ya para entonces algunas otras personas de la comunidad ya se habían comunicado a México con Epifanio Zapata, hijo de Zapata y ex-miembro del congreso mexicano.

El hijo de Zapata amenazo con entablar una demanda contra la compañía Elgin.

Una segunda marcha estaba siendo planeada para ir frente al periódico Sun-Times, que también había usado el anuncio. Ya estaba planeándose la marcha cuando el 8 de junio de 1970 la compañía Elgin decidió cancelar la campaña publicitaria con la imagen de Zapata.

Uno de los participantes en esa marcha fue Carlos Heredia, un joven líder del grupo Organización de Estudiantes Latinoamericanos (OLAS, en inglés).

Heredia dijo al autor de este libro que por poco esta emblemática marcha no se llevó a cabo. El liderato de más edad estaba conforme con enviar cartas de protesta, menciono Heredia sobre esos días.

Sin embargo, los jóvenes de esa época querían hacer algo más y querían marchar. Para resolver esta cuestión, se acordó llevar a cabo una reunión en las Oficinas del Cardenal, las cuales estaban en el 1300 S. Wabash Avenue.

Ahí se puso el tema a discusión y luego a votación y, según Heredia, los jóvenes ganaron el voto y la marcha del 6 de junio de 1970 al Chicago Tribune se aprobó.

Desde esa histórica fecha el parque Harrison lleva como

segundo nombre el de parque Emiliano Zapata, en honor a un héroe genuino quien lucho bajo el lema de Tierra y Libertad. Creo que muchos lectores opinaran que el nombre le queda al parque.

La ironía de este relato es que 26 años después el mismo Mike Royko causaría otra marcha de los mexicanos contra el Chicago Tribune.

El 27 de febrero de 1996 Royko escribió una columna satírica donde el pretendía ser un apoyador de un conservador, Pat Buchanan, en donde se quejaba de los narcotraficantes mexicanos. En su columna, entre satírica y seria, Royko escribió que, si México no limpiaba al país, invitara a Estados Unidos para invadirlo y convertirlo "en el campo de golf más grande del mundo."

Esta vez cerca de tres mil personas fuimos frente al Tribune durante la tarde del 1 de marzo 1996 y permanecimos ahí hasta ya noche. De tanta gente, la famosa Avenida Michigan tuvo que ser cerrada por varias horas.

Desde entonces, los medios en ingles han tenido más cuidado de lo que escriben y transmiten sobre los mexicanos de Pilsen o de cualquier otro lugar.

Capítulo 4:

De Cómo Nació la Casa Aztlán

No me acuerdo exactamente cuando fue que escuche por primera vez de la Casa Aztlán. Debe haber sido cuando yo aun estaba en Iowa City soñando en regresar al barrio, una idea romántica que teníamos los estudiantes en esa época. Para los estudiantes concientes de esa época la idea de regresar al barrio de donde veníamos era como encontrar el nirvana, el lugar de la paz y la felicidad. Bueno eso pensábamos. Ahi no habría mas cuestionamiento de lo que éramos, ni lo que comíamos ni de lo que debíamos de vestir o pensar. En el barrio seriamos "libres", así entre comillas.

Allá por marzo del 1969 en Denver, Colorado, un líder Chicano llamado Rodolfo "Corky" González había hecho una convocatoria para llevar acabo una conferencia nacional de liberación de la juventud chicana. Creo que más de 1,000 personas asistieron de todo el país, incluyendo jóvenes del barrio de la 18.

Ahora para estos tiempos 1,000 personas no es una cantidad grande, pero para esa época fue muy significante. Fue en dicha conferencia que se dicto el Plan Espiritual de Aztlán, una alegoría poética de lo mas bello sobre como nosotros los mexicanos somos los "dueños" del territorio de Aztlán o sea el suroeste del país.

"Con el corazón en la mano y con las manos en la tierra, declaramos el espíritu independiente de nuestra nación mestiza," decía en parte el preámbulo, escrito por el reconocido poeta chicano Alurista, de El Plan Espiritual de Aztlán.

Parte de ese grupo de jóvenes que acudieron al llamado de Corky González en Denver regresaron a Chicago entusiasmados con su nueva filosofía del "carnalísimo" y el "chicanismo". O sea que la raza misma tenía que ayudar a su propia raza a sobrevivir.

La Howell House había estado en la 1831 sur de la avenida Racine desde 1905. Era un centro social manejado por la iglesia presbiteriana. Ya desde los años 1950s había empezado a ofrecer algún evento u otro a la comunidad mexicana pero todavía no exclusivamente a ellos, los nuevos inmigrantes a este barrio checo y bohemio.

Durante dos semanas en el verano de 1970 más de una docena de jóvenes tomaron a la fuerza a Howell House. Uno de los primeros actos de los insurgentes fue acudir al patio y subir a la asta de la bandera el símbolo de los chicanos: la bandera con los tres rostros, el indígena, el español y el mestizo.

De esta manera Howell House se convertía en propiedad de la comunidad y se le bautizo con el nombre de Casa Aztlán. Ya después que la iglesia vio que los militantes nunca retrocederían, les vendió la propiedad por un dólar.

No hay una lista completa de las personas que efectuaron este cambio, pero aquí ofrezco algunos nombres: Art Vázquez, John "Mama" Velásquez, Phil Ayala, Martín Cabrera, Rudy "Pigeon" Flores, Jesse Godinez, Tony Morales, Cookie Ramírez, Maury Mendoza, Nano, Paúl Acosta, "Brasil" y "Nephew" y otros.

Los primeros cinco años fueron los más difíciles y la Neighborhood Service Organization ayudo a Casa Aztlán a sobrevivir, pero ya después este centro fue realmente autónomo.

Los voluntarios de Casa Aztlán hacían todo al principio. Llevaban a los clientes a las oficinas de servicios humanos y a otros clientes a encontrar trabajo.

Después en 1971 Casa Aztlán desarrollo una clínica médica, llamada Benito Juárez, cuyos servicios fueron ofrecidos gratis a la comunidad.

Eliminando todo tipo de burocracia o afiliación a otras instituciones, la clínica simplemente pedía el nombre de la persona para ser atendida. Tanto doctores como otros voluntarios donaban sus servicios a la clínica libre para ayudar a la gente, mayormente pobre y sin documentos de la comunidad.

Además de prestar servicios sociales, Casa Aztlán, nombrada así por la leyenda mítica de los Aztecas que dice que ellos partieron rumbo al sur de un lugar llamado Aztlán, desarrollo programas de carpintería y plomería y clases de arte bajo varios artistas incluyendo a Marcos Raya y Salvador Vega, unos de los primeros artistas-en-residencia.

Claro, el ejemplo de Casa Aztlán no dejo de notarse en el barrio de la 18. Inmediatamente nacieron varias otras organizaciones, cuyas reuniones se llevaron acabo ahi, que después serian muy reconocidas. Grupos como Centro de la Causa, Mujeres Latinas en Acción y El Hogar del Niño tuvieron su inicio después que se fundó Casa Aztlán.

A través de los años, varias personas han fungido como directores de este centro que nunca ha dicho no a una lucha justa en defensa de los derechos de los mexicanos y chicanos.

Sus directores han sido Art Vázquez, Martín Cabrera, Reggie González, Ed Villareal, Héctor Gamboa, Humberto Salinas, Cindy Rodríguez y Carlos Arango.

Casa Aztlán ha tenido muchos empleados, pero una de ellas, Myrna Álvarez, ha estado trabajando ahi toda su vida e inclusive visitaba ahi cuando era una niña.

Por los escalones de Casa Aztlán pasaron los cansados trabajadores que acuden ahi a aprender ingles por las noches o asistir a las clases de ciudadanía para hacerle frente a una sociedad anglosajona que prefiere ignorarlos que ayudarlos. Aunque el ambiente es rustico comparado con el de otras organizaciones más modernas, el servicio a la comunidad es indiscutible.

A través de los años, es seguro decir, miles de personas pobres y de ascendencia mexicana se han beneficiado por el gesto de aquellos muchachos, que aparentemente incluyo a miembros de los Brown Berets, quienes tomaron control del edificio en la década de los 1970s.

Varias personas famosas han visitado a Casa Aztlán, lugar que atrae la atención por sus murales, y entre ellas esta Cesar Chávez, el líder de los campesinos agrícolas y fundador de la Unión de Campesinos (UFW, en inglés); Rodolfo "Corky" González, autor del poema "Yo Soy Joaquín" y quien firmo un mural en su interior y Celia Guevara, la hija de Ernesto "Che" Guevara.

Gabino Palomares, canta autor de la canción "La Malinche" e Ignacio Taibo II, el autor de la mejor biografía de Che Guevara y varios otros libros, incluyendo su memoria de México '68, también han estado aquí como muchos mas.

Casa Aztlán, en mi opinión, siempre fue, mientras existió, un centro autónomo y rebelde del barrio de la Calle 18.

Sin embargo, en el 2013 este centro icónico tuvo que cerrar sus puertas a causa de que la mesa de directores de este centro debía la cantidad de $115,500 dólares al MB Finance Bank.

Al no poder pagar esa cantidad, Casa Aztlán perdió su hipoteca y el banco MB subasto la propiedad por $293,000 a la compañía Corona Investments LLC.

Posteriormente esta compañía re-vendió a este histórico edificio que fuera Casa Aztlán a otra compañía de desarrollo de bienes raíces para convertirla en apartamentos de lujo.

Casa Aztlán se cerró oficialmente el 20 de noviembre del 2013. La administración de Corona Investments envió una notificación a todo el personal de Casa Aztlán que cambiarían los candados de las puertas el 1 de diciembre de 2013 y que los ocupantes tendrían hasta ese día para remover todas sus pertenencias de la propiedad.

Siempre existirá una controversia en la comunidad sobre si se pudo salvar este histórico inmueble o no. El personal de Casa Aztlán previo al cierre había tratado de organizar un comité para investigar que se podía hacer para salvar al centro donde nacieron tantas organizaciones y luchas a lo largo de los años.

Obviamente este grupo no pudo hacer lo suficiente y a buen paso para rescatar a Casa Aztlán.

En una entrevista, el último director del centro, Carlos Arango, dijo al autor de este libro que todo se vino abajo con la crisis hipotecaria.

Para recaudar fondos, menciono Arango, el pasado de Casa Aztlán la perseguía. Era difícil, menciono Arango, convencer a las fundaciones a proveer fondos a un centro que tenía un pasado radical, comenzando con la forma en que había nacido como Casa Aztlán.

Otros miembros de la comunidad, como Raúl Raymundo, del Proyecto Resurrección, mencionaron después a este autor que ellos habían mostrado un interés en rescatar a Casa Aztlán pero que Arango no acudió a una reunión que se había programado.

Mientras exista la memoria colectiva de la comunidad mexicana y latina de esta ciudad, Casa Aztlán, sin embargo, continuara siendo un ejemplo de tenacidad y de lucha.

Casa Aztlán, circa 2013

La Benito Juárez High School, circa 2011

Capítulo 5:

Una Secundaria Para el Barrio

La lucha por la secundaria Juárez comenzó en 1973 cuando los estudiantes de la secundaria Froebel, una extensión de la secundaria Harrison, hicieron un "walkout". Esto es, ellos se salieron de sus salones, y de sus clases, en protesta por las malas condiciones en la escuela.

En 1968 miles de estudiantes Chicanos y mexicanos se habían salido de varias secundarias del Este de Los Ángeles casi por las mismas razones y esta corriente y forma de protestar no llego a la 18 hasta 1973.

Yo no estuve en Chicago durante estos eventos en Pilsen, pero después conocí a algunos estudiantes universitarios que habían estado en el "walkout" de la secundaria Froebel, la cual estaba en el 2202 W. 21st St., en el barrio Pilsen de Chicago.

Durante el "walkout", en la ultima semana de mayo del 1973, los estudiantes y padres intentaron tomar control de la escuela, pero fueron desalojados de ahi por la policía.

Al comienzo de la protesta, los cerca de 200 estudiantes chicanos y mexicanos salieron, pero unos treinta a cuarenta estudiantes decidieron permanecer adentro.

Los que salieron inmediatamente formaron una línea de piquete o sea un cordón a la entrada de la Froebel para que la policía, que empezó a llegar, no los desplazara.

Los que permanecieron al interior, al ver a la policía llegar, empezaron a poner barricadas en los escalones y subieron por el gimnasio hasta el techo de la escuela.

Desde ahí miraban como la policía quebraba la línea de resistencia de los jóvenes para entrar. Quizás los ánimos de los estudiantes se caldearon y algunos empezaron a tirar ladrillos hacia abajo.

Según la prensa un ladrillo pego a una patrulla y a un policía, quien recibió el impacto en la nariz.

Héctor Gamboa, un compañero de teatro y también mi compadre, pues le bautice junto con Maria Saucedo a su hija Tonantzin, fue uno de los que presenciaron estos eventos.

"Nosotros negociamos con el director Ozaki y la policía para que nos permitieran tiempo para bajar a los estudiantes del techo," me contó Héctor Gamboa. "Tuvimos éxito y mientras estábamos saliendo en una fila singular vimos que la policía estaba preparándose para golpear y arrestar a algunos; pudimos sacarlos a todos y ellos corrieron al otro lado de la calle donde una señora les permitió entrar al jardín de su casa para protegerlos."

"La policía amenazo a la señora y le decían que era un riesgo de incendio tener a tanta gente en su propiedad," recordó Héctor Gamboa. "Otra ves negociamos, con testigos presentes, para que nos permitieran tiempo para sacar a todos los estudiantes de ahi y después que logramos sacarlos del jardín, nos fuimos a la calle, marchamos rumbo oeste por la 21 hasta la Hoyne y de ahi hasta la calle 18 y de ahí hasta Casa Aztlán."

La revuelta duro el resto de la semana y causo que la policía cerrara la escuela.

Otra persona de la comunidad, Teresa McNamara, me contó que ella recuerda esos animados días y como los estudiantes escaparon por las escaleras de incendios de la escuela, algunos a las manos de la policía.

Entre los líderes de esa época ahi presentes a raíz del "walkout" fueron Juan Morales, Lola Navarro, Rita Gallegos, Inés Loredo y otros.

De este evento surgió la demanda a la Junta de Educación de Chicago, en ese entonces una torre de marfil alejada de las necesidades de los mexicanos y lenta como una tortuga marina para remediar su burocracia, por una nueva secundaria en la 18.

El 10 de junio de 1973 la comunidad marcho desde el Parque Harrison hasta la Junta de Educación, en el centro, para hacer su petición de viva voz y cuerpo presente para la nueva escuela.

El "walkout" y la marcha incendio la chispa del activismo de los padres y los estudiantes chicanos de la 18 y estos comenzaron una larga lucha por la construcción de lo que llego a ser la primera secundaria hispana de la ciudad.

La Froebel había sido por mucho tiempo una cadena, un eslabón, de la Secundaria Harrison, en el 2850 W. 24th St., fuera de Pilsen, en la Villita, y ahora convertida en primaria y nombrada por un héroe de Pilsen, María Saucedo.

Pero en ese tiempo la rivalidad entre pandillas enfrentaba a quienes atendían la secundaria Harrison del área de Pilsen. Es por eso que la comunidad empezó a demandar la nueva secundaria del entonces superintendente Joseph Hannon.

El 17 de agosto del 1973 la comunidad empezó a buscar un sitio apropiado para la nueva secundaria, llegando a la conclusión que el sitio de la Laflin y la Cermak, a la esquina de la Ashland, sería el mejor lugar.

Pero a pesar de tener la aprobación de construir una escuela nueva, tomaría más de un año para que la Junta de Educación y la ciudad adquirieran el terreno.

Después de mucha frustración con el lento proceder de la entonces burocrática Junta de Educación, la comunidad y sus elementos mas militantes amenazaron con llevar acabo un boicot en abril de 1974 de los negocios en el área de la nueva escuela que demoraban en vender su terreno a la ciudad.

Finalmente, las organizaciones de Pilsen llamaron a otro boicot, este de las escuelas de la comunidad, el dia 4 de septiembre de 1974. Cientos de manifestantes marchamos ese dia hasta las oficinas de la Junta de Educación que estaban en el centro. Yo ya para entonces había regresado de la Universidad de Iowa al barrio.

Después de lograr vencer lo que en ese entonces eran obstáculos gigantes para los residentes de Pilsen, quienes nunca antes habían confrontado a las instituciones anglosajonas tan directamente, surgieron otros pleitos entre las organizaciones.

Por un lado, estaba la organización Pilsen Neighbors, un poco moderados, y por otro estaba el más militante Comité de Educación del Barrio, compuesto de miembros de otras organizaciones. Entre estos dos grupos se disputaban el nombramiento de la nueva secundaria. Entre los nombres que se buscaban para este nuevo plantel estaba Cuauhtemoc, La Revolución (no se si la de 1910 en México u otra mas nueva), Benito Juárez y Manuel Pérez.

En una votación, después de una fiera campaña, el nombre de Benito Juárez gano con 234 votos de unos posibles 600 votos.

Después del nombramiento surgió la batalla entre las facciones del barrio para asignar al nuevo director.

Como de costumbre los mas militantes pedían que se instalara a un director mexicano. Otros tenían otras ideas.

Finalmente, el compromiso fue la asignación de Richard P. Schnettler, un anglosajón, como director y a la mexicana Ángela Pérez Miller, como la asistente de director.

Esta escuela, símbolo de la lucha de los pobres por mejorar su triste condición, se comenzó a construir el 15 de septiembre de 1975, dia en que se hiso la ceremonia de la quiebra del terreno. El famoso arquitecto mexicano Pedro Ramírez Vázquez, fue quien diseño la escuela, la cual abrió sus puertas el 7 de septiembre del año 1977.

A través de los años, la Juárez, como se le conoce, ha sido visitada por presidentes de México, incluyendo el candidato Cuahtemoc Cárdenas y artistas como Edward James Olmos y la fallecida Coretta Scott King, esposa del celebre Martín Luther King Jr.

Al comienzo del nuevo siglo, la escuela fue expandida y remodelada con una nueva plaza. En la plaza, al lado oeste de la escuela y en la esquina de la Ashland y Cermak, luce un paseo con estatuas de Juárez, Zapata, Hidalgo y otros líderes de la época de la Independencia de 1810 y de la Revolución de 1910 en México.

La Froebel, el símbolo de una pequeña insurrección estudiantil, fue demolida por la ciudad en 1976 y en su lugar se construyeron unas viviendas.

Así, siguiendo la costumbre establecida con otros lugares históricos, la ciudad se evito la molestia de que los residentes del barrio siguieran recordando que cuando la gente se cansa de ser explotada y discriminada, se empieza a organizar.

Capítulo 6:

La Compañía Trucha

No sé a quién se lo mencione primero si a Héctor Gamboa o a Filiberto "Cookie" Ramírez, pero me inclino por pensar que fue al "Cookie". *Hay que formar un teatro en el barrio, le dije a Cookie, y hay que nombrarle Compañía Trucha. ¿Porque Trucha?, pregunto el Cookie. Porque en el vocablo o calo de la gente esta palabra quiere decir ponerse muy listo.*

Yo ya antes había hecho teatro chicano en la Universidad de Iowa donde yo, mi hermano Ricardo Zavala y Armando Almazán hacíamos actos, o pequeños "skits", para los estudiantes. En esa época hacíamos un acto creo que era del Teatro Campesino o de otro teatro. El acto se llamaba "Los Perros".

Ahí en ese acto un entrenador gabacho entrenaba a sus "perros" o guardianes para atacar a los campesinos, a los cholos y a los mexicanos. Cada vez que el entrenador decía un nombre los perros se abalanzaban sobre la audiencia. Pero al final al decir la palabra "Chicano", los "perros' o

Compañía Trucha presentando el acto Beto's Place Cantina, 1976

guardianes le sacaban por no saber quienes eran los Chicanos y tenerles miedo. Al final, el entrenador les decía "Perros mensos que no ven que los Chicanos son los mismos mexicanos de siempre" y los perros se abalanzaban contra la audiencia.

Bueno, yo ya conocía a Héctor porque el había estado en Iowa City con nosotros, pero al Cookie apenas lo acababa de conocer. Sabia que el trabajaba en Casa Aztlán con el programa de los jóvenes. El ayudaba a orientarlos fuera de las pandillas, que en esa época había más y eran sumamente violentas como lo pueden ser ahora también.

Después tuvimos una reunión en Casa Aztlán y contando con Maria Gamboa y Maria Saucedo, Héctor, Cookie y yo, ahí nació la famosa Compañía Trucha. Después se sumo Guadalupe Gaspar, quien eventualmente se haría reportero de televisión y se mudaría a California a trabajar.

Al paso de los seis años que existió la Compañía Trucha también vendrían ayudarnos de vez en cuando otras personas del barrio como Pat González, quien trabajaba en Gads Hill, Maria Caraves y Gloria Pantoja, quien llego a ser una enfermera.

El modo de trabajar de nosotros era colectivo y nos sentábamos a discutir los problemas de la gente del barrio de la 18. Así íbamos sacado ideas de como presentarle a la comunidad los problemas en una manera fácil de entender y además visual y con humor.

A través de los meses y años fuimos desarrollando una verdadera colección de actos que ahora lamentamos nunca haber escrito pues los discutíamos, los ensayábamos y así los íbamos improvisando sin tener nunca que escribir el guión entero. Creo que era nuestra equivocada aversión por esos tiempos a las cosas académicas, de las cuales muchos teníamos solo historias de amargura, rechazo y dolor.

Uno de los primeros actos que desarrollo la Compañía Trucha fue una adaptación nuestra de la fábula infantil "El León y Los Grillos".

Este acto contaba la historia de una mujer grillo (Maria Saucedo) quien representaba a la comunidad y a quien la hostigaba, robaba, espiaba y asustaba un león: "El Tío Sam" (Jose Gaspar). Los demás grillos se sentían insultados, pero no sabían como hacerle frente al "rey de la selva". En una junta de ellos, los grillos decidían que el Cookie, quien era un grillo valiente, le saltaría al león a la oreja y le haría cosquillas hasta que el león se fuera lejos de la aldea de los grillos.

La fábula infantil transpuesta a una realidad actual y luego con los disfraces (el león traía una bandera americana y los grillos antenitas en la cabeza) hacia que este acto fuera aplaudido en donde quiera que lo presentábamos. Los niños de Casa Aztlán, en particular, les encantaba esta pequeña obra.

Así mes tras mes y año tras año, pues creo que Trucha se fundo allá por el año 1974, los actos de la Compañía Trucha fueron creciendo. Cada jueves nos reuníamos en Casa Aztlán para platicar, ensayar y pensar en nuevas ondas y planear el vestuario que muchas veces lo sacábamos de las tiendas de segunda de donde yo sacaba chalecos y corbatas y mis compañeros por igual, encontrando sacos, gorras, blusas, faldas y otros artefactos.

Nuestras presentaciones primero fueron en el barrio 18 y después fueron creciendo al resto de la ciudad y luego hasta afuera de Chicago. Recuerdo que una vez fuimos a una conferencia de teatros en Detroit y ahi hicimos una obra sobre los obreros y sus problemas en las fábricas.

En el barrio hacíamos presentaciones con los cuates de CASA-Hermandad General de Trabajadores cuyo local, o como dicen *storefront*, estaba en la Throop y 19 donde ahora esta la escuela Pérez. También hacíamos presentaciones en la librería Tres Continentes, propiedad de Eleazar Mascorro y Cristina Vital, en la esquina de la Blue Island y 18 al lado norte de donde ahora esta un Mcdonald's y al otro lado de la actual Casa Michoacán.

En esa época la solidaridad valía mucho más que el dinero y nuestro teatro hacia presentaciones con la comunidad boricua donde también se presentaba Mario López, Sigisfredo Avilés y Roberto López, del Grupo Latino, quienes en esa época tenían una bellísima canción que me gustaba mucho y que decía *"ya plantamos flores en los campos tristes."*

Esa frase me gustaba mucho porque era la época durante la cual a los boricuas les estaban quemando sus casas, los acusaban de poner bombas en los edificios del gobierno y, en fin, hasta llego haber una revuelta en el Humbold Park en 1976 durante la cual la Policía de Chicago asesino a un boricua.

También hacíamos presentaciones con el Teatro Bread and Roses, del norte de Chicago, quienes eran unas compañeras americanas muy concientes y quienes nos respetaban mucho. Así de nuestro aislamiento cultural en el barrio 18 íbamos abriendo puertas con las demás comunidades a quienes nosotros les enseñábamos sobre nuestras luchas.

Quizás uno de los teatros con los que mas presentaciones hicimos en conjunto fue con los cuates del Teatro del Barrio que dirigía el genial Jesús "Chuy" Negrete y sus tres hermanas, Rosa, Juanita y Santa. Todavía estaba ahi Lalo Cervantes y otros cuates de Sur Chicago, de donde era este teatro.

Algo que también nos ayudo mucho fue una visita del Teatro Triangulo de Venezuela, el cual vino a Chicago para hacer presentaciones de su fantástica obra "Búfalo Bill en Credulilandia."

Uno de los miembros del Triángulo llamado Carlos Contreras nos dio unos talleres y después, habiendo la oportunidad de extender su visa de trabajo, se quedó más tiempo y él nos siguió dando talleres de pantomima, voz y movimiento en Casa Aztlán, que era donde nosotros siempre ensayábamos.

Conforme iba pasando el tiempo nuestros actos se iban volviendo a veces más políticos y a veces más serios. Era una batalla constante tratar de mantener un nivel de humor para que los actos no salieran muy secos y dogmáticos.

Me acuerdo que hicimos actos sobre fabricas como la *"United Sandwich Co."* para cuyo efecto el muralista Marcos Raya nos hizo un dibujo que lo usamos en un póster o afiche. Después Juanita Jaramillo, una compañera artista de Nuevo México, que radicaba en Chicago por ese tiempo, también nos hizo otro dibujo para nuestro teatro. Este póster mostraba a una línea de braceros en fila. Este otro póster decía "COMPANIA TRUCHA a theatre of the Chicano people." Para hacer el dibujo yo le había dado a Jaramillo una copia de un grabado de Alfredo Zalce.

Viendo los anuncios de las presentaciones de la Compañía Trucha que he guardado, veo que todo nuestro trabajo estaba atado a demandas políticas como poner un fin a la discriminación, a las redadas, a la re-instalación de Magdalena García a su trabajo, salud como un derecho, no un privilegio y un alto al Plan 21, que era un plan que amenazaba al barrio de Pilsen y desplazaría a sus residentes.

También llegamos a presentarnos en el Teatro Atlántic de la 26, cuando aun era un lugar de cine, junto con los compañeros del Teatro Los Mascarones de la ciudad de México. Estos cuates también nos enseñaron mucho: como trabajaban ellos colectivamente, como usar la música y pantomima en el teatro. Pero lo que pescamos de ellos fue la poesía coral, que tal parecía era su mero mole, y algo que nosotros todavía no habíamos intentado.

En poesía coral, creo que fue una idea mía recitar la canción final de la Cantata de Santa María de Iquique, creada por el grupo Quilapayun de Chile. La pusimos en forma coral con Maria Saucedo, Maria Gamboa, Cookie, Héctor y yo. Por lo regular la recitábamos al terminar la presentación de la obra *"United Sandwich Co."*, que en realidad era sobre una fabrica de comida en Pilsen en la que hostigaban, explotaban y robaban a los obreros, todos ellos hombres y mujeres de México.

También llegamos a crear una obra o acto sobre la explotación de la raza por la misma raza en el barrio 18. Esta obra se llamaba "Beto's Place Cantina" En este acto, "Beto", un dueño de una cantina engatusaba a la raza a entrar a su cantina donde al paso de las horas una chava fichera (María Caraves) y Beto (yo), el dueño de la cantina, terminaban quitándoles toda su lana, su quincena.

También teníamos otro acto sobre las condiciones de vivienda. No me acuerdo del nombre de este acto. Solo se que se trataba de un rentero, dueño de una casa de apartamentos, que rellenaba a sus apartamentos con un montón de raza, les cobraba mucho, nunca arreglaba el apartamento y al final de cuentas si se quejaban, llamaba a la Migra. En el mismo acto había trabajadores de un turno que no sabían que trabajadores de otro turno vivían también ahí.

Estos actos los llegamos a presentar en muchos lugares del barrio como el Cine Villa, que estaba en la Loomis y 18 y en organizaciones y salones de iglesias en el barrio.

En la Compañía Trucha no solo presentábamos las condiciones en las que vivían nuestros paisanos si no que también dábamos la idea incipiente de que el explotar a nuestro prójimo no estaba bien y además de que los afligidos, ya sea por cualquier problema, tenían el derecho a organizarse. Siempre tratábamos de terminar los actos en una onda positiva para que la gente "sacara algo" de los actos, aunque fuera solo animo de resistir.

Uno de nuestros más notados actos tuvo que ver con un supermercado en el barrio del cual escuchamos en las noticias y en la voz del propio pueblo que un trabajador en la carnicería de la tienda se había lastimado con la maquina de cortar carne. Según los datos de la historia, la tienda no le había permitido al trabajador ir a un hospital ni mucho menos pagarle los gastos médicos.

En nuestra junta regular (porque si, aunque pobres de lana si teníamos ya cierta disciplina de ensayar cada semana así lloviera o tronara) discutimos el caso y lo pusimos en el teatro. La obra se llamo "El Gallo" porque este lucido personaje del barrio salía en ese entonces en la tele en español presentando un show de artistas y a veces aparecía dicho personaje con un gallo vivo en las manos.

Bueno, después de sacar ideas sobre este suceso, decidimos hacer el acto de una mujer (Maria Gamboa) que va aun mercado y ahi entre la carne del chorizo, le sale un dedo sarcenado. El dueño le pide disculpas, pero la mujer se queja que lo va a contar al pueblo. En el acto mostramos a la imagen oficial del personaje con una gallina pelona de plastico y luego lo que realmente pasa en dicha tienda, donde por ser ilegales los obreros no pueden obtener ningun beneficio.

Dicho acto nos trajo muchos aplausos en donde quiera que lo presentabamos. Luego mostrabamos dentro del mismo acto que dicho personaje se codeaba con los meros, meros de la comunidad.

La mejor anécdota de este acto y que ilustra el poder del teatro fue en una Fiesta del Sol donde se nos permitio actuar. Hicimos este acto en frente de una audiencia en la cual estaba el Consul de Mexico presente. Fue tanto la controversia, que ahi nos cortaron el sonido para que no siguieramos y al mismo tiempo el consul de Mexico se fue en protesta, o vergüenza, de lo que presentabamos. Claro, que nosotros seguimos actuando aun sin sonido, hasta que terminamos nuestra presentacion.

Después de mi trabajo con Compañía Trucha, también trabaje, en las siguientes decadas, con Teatropello y después con el Teatro Callejero. Este ultimo presento una obra que escribí llamada "Año 2 Migra" sobre la Proposición 187 del gobernador de California Pete Wilson y como los Aztecas de Tenochtitlan organizan boicotear a Califas, Aztlán, hasta que el "dios blanco" Wilson cambié su "política" de desalojar "a los mexicas del Norte."

De estos tres teatros creo que el que mas impacto tuvo fue Compania Trucha porque su tiempo fue precisamente los años 1970s cuando mas se necesitaba concientizar a nuestra gente para que se defendiera y perdiera el miedo de actuar, y como dicen en mi rancho, "rezongar".

La Compañía Trucha fue en realidad un teatro muy avanzado para su tiempo. Yo me salí casi por agotamiento, lo que en ingles se llama *burnout*, en 1979. Quería hacer otras cosas. La Compania Trucha siguió su camino sin mí por algún año o dos más y también al fin tuvo que dejar caer el telón, o en este caso, la carpa.

Miembros de la Compañía Trucha, de izquierda a derecha:
Pat González, José "Bosco" Murillo, María Aguilar, Héctor
Gamboa, José Gaspar, María Caraves, Antonio Zavala y Filiberto
"Cookie" Ramírez. (Foto por Roberto Arredondo).

Magdalena García en la florería Xóchitl Reina de las Flores

CAPÍTULO 7:

La Lucha de San Lucas

De vez en cuando iba yo a visitarla allí a su tienda, Xochitl Reina de las Flores del 2108 al oeste de la Calle Cermak, florería ya cerrada y abandonada. Ahi, atrás de la vista de los clientes, estaba ella sentada trabajando las flores y los adornos que ella sabia hacer para los arreglos de las bodas y las quinceañeras.

"Como estas?" me decía en voz alta, casi gritando, y levantándose se me acercaban y nos dábamos un abrazo. Luego nos poníamos a platicar y me decía viste esto o lo otro o que opinas de esto. Ya después de platicar por un buen rato, ella siempre gravitaba a los tiempos del Boicot de las Uvas en Chicago y los recuerdos de Eliseo Medina, el primer organizador de los Campesinos de Chávez en Chicago, y el doctor Jorge Prieto, un doctor activista que dejo grande huella en los anales del barrio mexicano de la Taylor y luego de Pilsen.

A Magdalena García yo primero la conocí allá en 1976 cuando un grupo de nosotros del barrio Pilsen fuimos a protestar ante la administración del Hospital St. Luke's-Presbyterian el despido injusto de esta mujer de la comunidad. Ella había sido una técnica de laboratorio que casi a diario la sacaban de su despacho y la llevaban a traducirle a los doctores que no sabían español y a los pacientes mexicanos que no sabían ingles.

Lo que empezó casi nomás como una ayuda se fue convirtiendo en una rutina y Magdalena comenzó a cuestionar las prácticas del hospital con los pacientes mexicanos. ¿Porque no se daban más trabajos a los hispanos? Les decía ella.

Bueno, la empezaron a hostigar, aislar y por fin la despidieron. El 12 de agosto de 1976, los de la comunidad (miembros de varias organizaciones, pero principalmente la Asociación Pro-Derechos Obreros conocida como APO) fuimos a protestar y entrando a las oficinas de la administración del hospital decidimos hacer un plantón y no salir de ahí hasta que llegara el presidente del hospital para negociar.

El presidente del hospital nunca llego, pero después de varias horas si llego la policía que nos escolto a los *paddy wagons* (perreras les decíamos en ese entonces). Creo que fuimos 23 de nosotros a los que la policía arresto e hizo cargos de traspaso y perturbar la paz. Claro, con gritos como "Trabajos para Latinos" y "Justicia para Magdalena", cualquier "paz" ficticia se puede alterar.

Pasamos una noche en la estación de policía del distrito 12 donde después de darnos un sándwich frió, nos dejaron en liberad después que Laura Paz y otras personas organizaron la fianza para que nosotros pudiéramos caminar por la acera afuera y ser libres una vez mas.

Las ganas de lucha en esa época eran grandes y la mayoría de los arrestados decidimos pedir un juicio para poder tener tiempo de vertir, decir, nuestras opiniones y puntos de vista.

Teníamos reuniones regulares en la Casa Aztlán para planear nuestras presentaciones ante la corte. Nosotros éramos los "23 de St Luke's" y hasta se organizo un póster y todo. Desde esa época empezamos a luchar bajo la consigna que la salud es un derecho, no un privilegio. En fin, creo que la corte se enfado de tanto mitote por algo tan pequeño como sentarse en la alfombra de una oficina y se nos retiraron los cargos.

El arresto, claro, los usamos como una cosa de honor, porque en los años 1960s y 1970s si eras un activista dedicado a La Causa y nunca te habían arrestado pues no eras tan activista, ni tan dedicado a la lucha.

"Vi un programa en la televisión el otro dia sobre los inmigrantes," me decía Magdalena. "¿Si no nos quieren aquí, donde quieren que nos vayamos? Si ellos nos quitaron todo el suroeste. Bueno, de tanto coraje que me dio, llame a la estación y hable con ellos. Me dijeron que ellos solo transmitían ese documental. ¿Mira, hablé con uno de los de la estación y les dije que quien creen que recoge toda la comida que ellos comen? ¡Pues, los mexicanos!"

De vez en cuando yo le decía a Magdalena que necesitaba seguir en la lucha para educar a las nuevas generaciones. "No, yo ya no," me decía, "Desde aquí estoy ayudando a mi comunidad. Casi no les cobro por las rosas. También ayudo a mi iglesia de Santa Ana."

Después de su despido del hospital, la gran Magdalena, héroe de muchos de nosotros, fundo su florería allí en la Cermak a donde de vez en cuando llegaban a saludarla casi todos los que fuimos arrestados en 1976.

Después de esa lucha, en las siguientes décadas de los 1980s y 1990s ella dio trabajo a muchos jóvenes de Pilsen, quienes después de trabajar con ella se concientizaron y muchos de ellos terminaron su educación y se dedicaron a servir a la gente pobre del barrio. Algunos inclusive se convirtieron en abogados.

Con solo sus pláticas y su fe pudo transformar a muchos jóvenes a servir a su comunidad.

En los últimos años que la conocí, Magdalena era muy religiosa. Creo que desde joven ella había querido ser una monja, pero había optado por una carrera de técnica de laboratorio medico. Siempre que hablaba con ella yo me asombraba de su gran fe y siempre le preguntaba como era que ella tenía tanta fe. "Mira, Antonio" decía "Diosito nunca nos deja solos." Su despido de ella era siempre: *Que Dios te bendiga y la Virgen te proteja.*

Magdalena falleció el 14 de septiembre 2004 en Eagle Pass, Texas, pero no sin antes dejarnos un gran ejemplo de lucha y de fe en nosotros mismos.

CAPÍTULO 8:

Dos Héroes del Pueblo

Ya por este tiempo yo estaba viviendo en la casa de mi familia en la 26 cuando durante la mañana del 12 de noviembre en 1981 recibimos una llamada de Miguel Rodríguez, uno de los cuates que habíamos reclutado para ir a estudiar a la Universidad de Iowa, en Iowa City.

"Hubo un accidente en la madrugada y Maria Saucedo murió," fue lo que alcance a escuchar.

La cabeza me dio vueltas y luego mi mente se fue a los siete años atrás en que la había conocido.

Yo y mi hermano Ricardo le preguntamos a Miguel como estaba su esposo, Cookie, y Miguel nos dijo que estaba herido.

Recuerdo que después esa tarde muchos de los compañeros y compañeras de lucha de Maria nos juntamos en Casa Aztlán para planear hacer algo para honrarla y despedirla. Se acordó que se haría una marcha desde Casa Aztlán por la Calle 18 a la Funeraria Cordero, de la Ashland y 18.

Es ahí en la junta que se informo que el accidente había sido un incendio y que Maria y su familia, al tratar de escapar, habían brincado del tercer piso. Solo su esposo, Cookie, y su pequeño hijo, Albizu Emiliano, se habían salvado.

María Saucedo había sido una persona excepcional en la comunidad. Se había graduado de la Universidad Northeastern Illinois y trabajaba como maestra en la primaria Kosciusko, la que ahora es la Escuela Lozano, en el lado norte de la ciudad. Ella tambien había trabajado en la escuela Pickard, en Pilsen.

Aparte de eso, ella escribía poesía, estaba en la Compañía Trucha y en la universidad había organizado una unión estudiantil de Chicanos y Boricuas. Algo paralelo de lo que yo mismo había hecho en Iowa City, donde yo había organizando una unión estudiantil de Chicanos e indios americanos.

En hecho me acuerdo que durante esos años yo le había platicado mis experiencias organizando a los estudiantes en Iowa City. En La Parrillita, un restaurante que estaba en el 1409 W. 18th SST., yo le había contado como estuvo la bronca en Iowa City, donde al final de cuentas tambien habíamos logrado que la universidad de Iowa nos diera o concediera un centro cultural. Esta era una casa que estaba en el 115 al norte de la Calle Clinton y que yo converti en la "Chicano House", un centro en donde poder tener reuniones, juntas y eventos culturales.

Durante el tiempo que ella estuvo con nosotros en la Compañía Trucha ella siempre abogaba por las mujeres. Si algo no estaba de su parecer o no dejaba claro la participación de la mujer, ella siempre nos reclamaba a mí, a Héctor Gamboa o a Cookie.

La marcha por la Calle 18 para Maria fue en un domingo por la tarde. Fue un gran número de gente, yo diría como doscientos. Todos íbamos pensando en ella, pero al mismo tiempo de una forma u otra tambien pensando que la lucha de ella y de todos tenía que continuar.

Marchamos por la 18 hasta la Calle Wood, por donde esta el Parque Harrison, que desde entonces nosotros le decíamos ya Zapata Park. Seguimos rumbo sur hasta la esquina de la Calle 21, donde esta el edifico de tres pisos donde ella vivía junto con su esposo y compañero de lucha, Cookie Ramírez.

El edificio está en la esquina noreste y ahí nos detuvimos para honrar la memoria de esta compañera de las luchas del barrio por salir adelante. Ahí, entre el frió de noviembre, toda la gente le canto canciones, grito consignas y algunos, como yo, le recitamos poemas.

La muerte de Maria Saucedo fue quizás la primera tragedia que paso entre toda la palomilla que andaba en esa época haciendo grilla en el barrio. La realidad de la mortalidad nos pego como un balde de agua fría y nos dimos cuenta que fácilmente nosotros tambien podríamos acabar de repente.

Después de la tragedia que sufrimos con la muerte de Maria muchos de los que la conocieron empezaron a indagar, cuestionar y preguntar porque no se había rescatado a tiempo a Maria y a Cookie, quien después de un tiempo sano.

Hubo muchas preguntas y juntas, algunas de ella en el sótano de la Iglesia San Pió, pero en realidad nunca se pudo probar nada. Después de un tiempo, los del mismo grupo hicimos un póster de Maria con un poema de ella y lo pegamos en el atardecer por las calles del barrio.

Seis años después en 1987, ya como reportero del Lawndale News, me toco cubrir la ceremonia de dedicación de la escuela Harrison a nombre de Maria Saucedo.

El día 24 de abril el superintendente de las escuelas, Manford Byrd Jr., y los amigos y familia de Maria estuvieron presentes al renómbrasele a la escuela Maria Saucedo Magnet.

"Yo les encomiendo recordar a esta mujer mientras ustedes estén aprendiendo, enseñando o ayudando a la comunidad," dijo Byrd.

Presente ahí estuvieron el hijo de Maria, Albizu Emiliano, su ex-esposo Cookie Ramírez y sus padres Maria y Juan Saucedo, quienes habían llegado a Pilsen años atrás oriundos de Monterrey, México.

"Ella siempre tomo la posición de una luchadora que quería ayudar a su comunidad," dijo ahí Eleazar Mascorro, un amigo de Maria. "Ella no tomaba el camino fácil."

Cuando paso lo de Rudy Lozano yo estaba trabajando como reportero en el semanario *El Extra*, allá en la Avenida Norte, en Humboldt Park, en el lado norte de la ciudad. Fue ahí que nos llego la noticia de que alguien había matado a Rudy Lozano a sangre fria en su propia casa de la Villita. Era el dia 8 de junio de 1983.

De inmediato la publicadora, Mila Téllez, empezó a especular sobre quien habría podido cometer tan grave crimen. Rudy no era un maleante, al contrario, era un joven organizador de Pilsen. El había sido maestro en la escuela Latino Youth, la cual el mismo había fundado con otros miembros del barrio.

En los últimos años Rudy había sido organizador con la International Ladies Garment Workers Union. El tambien había quedado corto de ganar por 17 votos una elección para concejal en el distrito 22 en La Villita.

Yo y muchos mas lo conocíamos bien pues el había estado en muchas luchas y protestas en el barrio Pilsen, incluyendo la lucha por la Secundaria Juárez, los esfuerzos de CASA-Hermandad General de Trabajadores para abogar por los derechos de los inmigrantes indocumentados y la lucha en la Universidad de Illinois en Chicago por crear el programa de reclutamiento LARES.

Con su muerte cierto miedo entro a toda la comunidad. Algo estaba pasando y no se sabia que y ni por qué.

La lucha de la comunidad apenas iba entrando a la arena de la política electoral. ¿Quizás su muerte era un mensaje que la comunidad debía frenar sus esfuerzos? No se sabe aun, ni se supo entonces.

Pero como en el caso de Maria Saucedo, la gente del barrio y las organizaciones no se dejaron amedrentar y salieron a la calle a rendirle tributo a Rudy, a quien lo nombraron un verdadero "hijo del pueblo".

Se marcho desde su funeral en la Pulaski hasta la Iglesia San Pió, donde se le rindió uno de los más grandes tributos que jamás se hayan visto en el barrio. Cientos de personas acudieron, incluyendo el alcalde Harold Washington, y demás figuras de la comunidad y de la ciudad.

Después de los servicios para Rudy, la comunidad puso presión a la ciudad para que resolviera el crimen y después de unos meses se logro arrestar a un joven, miembro de una pandilla, llamado Gregory Escobar, a quien se le acuso formalmente del asesinato de Lozano en su propia casa.

Después de un primer juicio, que se declaro como un fallo porque el jurado no llego a un acuerdo en el veredicto, en un segundo juicio a dicho sujeto se le encontró culpable y sirvió una condena de 30 años en prisión.

Pero como en el caso de Maria Saucedo, la comunidad tampoco quiso ni dejo que la memoria de Rudy Lozano se borrara para siempre. El día 7 de septiembre de 1989 se abrió una nueva biblioteca en Pilsen, a la cual la comunidad pidió que se le nombrara Biblioteca Rudy Lozano.

La antigua escuela en West Town donde Maria Saucedo trabajo, Kosciusko, tambien fue remodelada y renombrada en 1993 la Escuela Bilingüe y Centro Internacional Rodolfo Lozano.

Los restos de María Saucedo fueron enviados a Monterrey, México, por su familia, pero los restos de Rudy Lozano yacen en el cementerio católico St. Mary's de Chicago.

Procesion Fúnebre en Memoria de
Funeral Procession in Memory of
RUDY LOZANO

Julio 17, 1951
July 17, 1951

Junio 8, 1983
June 8, 1983

¡Del Lamento—Sale la Organización!

Fecha: Lunes 13 de Junio de 1983
Date   Monday, June 13

Hora: 6:30 A.M.
Time

Lugar: Calle 25 y Pulaski
Place
Ruta:

25th &
Pulaski

26th St.

18th St.

Cermak

Damen

Kedzie

Ashland

St. Pius

Para más información llame 421-2442

601

Volante de la procesión del funeral de Rudy Lozano en 1983

De activista a Reportero en Iowa en 1973

Capítulo 9:

Una Década como Reportero

No sé ni como empecé a escribir, solo se que siempre me ha gustado poner mis garabatos sobre el papel.

Al comienzo de los 1980s había una mujer de La Villita llamada Raquel García que publicaba un periódico mensual. Creo que le ayude a escribir solo una o dos veces, no me acuerdo.

Ahí también conocí a otra principiante que se llamaba Alicia Santilices, quien resulto ser después una buena periodista de la comunidad de Little Village.

Después en 1982 surgió un diario en español llamado El Mañana. Se publicaba desde la 2700 S. Harding y su dueño Gorky Téllez, era un señor muy astuto como publicador de lo que en realidad fue el primer diario en español en Chicago.

Un día aplique a El Mañana y me dieron la chamba, como se dice. Mi editor era Humberto Perales, uno de los mejores editores de la prensa hispana, ya que había trabajado por mucho tiempo en el semanario La Raza casi desde que el mismo y otras personas lo había fundado.

Hacer un periódico cada día era una tarea odiseaca con un equipo de unas 10 a 12 personas.

El cuerpo editorial era el editor Perales y yo y otro reportero que conocí ahi llamado Salvador Montoya. Después había otras dos personas que hacían el typeseting, o sea re-escribían los reportajes y anuncios en typeset. Otro empleado tomaba las placas en el basement y las llevaba a la imprenta. Otro recogía el periódico y lo repartía, creo que con un ayudante.

Además, había como dos vendedores de anuncios, un hombre y una mujer, un fotógrafo de vez en cuando y una secretaria que también la hacía de recepcionista.

Aunque un poco agitados, todos éramos felices en este ambiente rápido de sacar una edición cada dia.

Yo escribía noticias locales y de vez en cuando iba a la policía del distrito 10, en la Damen, o al distrito 12, en la Racine, a cubrir, o mejor a descubrir, algo malo que hubiera pasado.

Cuando no había "sangre", como los editores le dicen a la nota roja, yo escribía notas locales de todo lo que acontecía en Pilsen y la Villita.

De esta manera aprendí a escribir rápido y al punto, algo que en otras profesiones puede tomar varios días y muchas paginas de anotaciones, llamadas en ingles footnotes.

Trabajando en El Mañana alcance a cubrir la primera contienda política para desbancar al antiguo concejal del distrito 25, Frank D. Stemberk.

Había varios candidatos entre ellos Dante Plata, Genaro Lara, Rudy Lozano y Sam Peña, un ingeniero. Pensé que la comunidad se uniría a un solo candidato hispano, pero como avanzo la elección, vi que la comunidad, como todo el universo, estaba fragmentada en intereses.

Lozano casi gano la elección contra Stemberk con unos 17 votos corto de la victoria.

Durante un tiempo yo tambien trabajaba para El Extra, un periódico de Mila Téllez, esposa de Gorky. Fue ahí que tuve que cubrir la muerte y el servicio fúnebre en San Pió para Rudy, algo que ya mencione en otro capitulo.

Como reportero de El Mañana tambien cubrí el juicio del acusado de matar a Lozano, pero eso ya lo expliqué en otro capítulo.

Trabajando en El Mañana conocí a mucha gente, muchos de ellos los activistas de Pilsen que casi siempre hacían noticias con sus protestas y eventos culturales. Tambien conocí a los comandantes de policía, los directores de las cámaras de comercio, a los ganadores de concursos académicos, a los atletas sobresalientes y a las reinas de belleza.

Después de El Mañana en 1985 me fui a trabajar a el Lawndale News y West Side Times, dos periódicos gemelos que salían cada jueves, pero el contenido era el mismo, solo el masthead o el nombre de cada edición cambiaba.

Quizás esta fue una de las experiencias mas ricas de mi vida y tambien una en las que trabaje más duro, pero también con muchas ganas y en plena libertad. Ahi después de un tiempo, llegue a ser el editor.

Mi rutina ahí era similar cada dia. Primero me tomaba

un café, leía el periódico para ver que liebre había saltado de que lugar. Después abría el correo y organizaba todos los *press releases* que nos llegaban.

De estos yo seleccionaba los que eran informativos y que parecían razonables y no alguna farsa de alguien.

Después empezaba a escribir estos press releases o informes de prensa. A mí siempre me gustaba dejar la información esencial pero re-escribirlos en un formato periodístico.

A veces también tenía que escribir los obits, llamados los obituarios o la información de las personas que habían fallecido de Pilsen o La Villita.

También había que escribir los cambios de propiedad en el área, algo que ya ningún periódico local hace. Esto era una ley esencial del dueño, Mr. Morris Kaplan, algo que se tenía que hacer.

La costumbre quedo después que Kaplan vendió el periódico a Robert Nardini.

Ya avanzado el día, salía de la oficina a cubrir algún evento en la comunidad. De esta manera cubrí mucho de la historia de este barrio, como por ejemplo la quiebra de terreno para la primera Clínica Alivio; y la apertura de la nueva biblioteca Lozano en Pilsen.

Como reportero también escribí un artículo de la apertura del Museo Mexicano de las Bellas Artes, ahora llamado Museo Nacional de Arte Mexicano. Recuerdo que entre adentro y todavía Rene Arceo, quien trabajaba ahí entonces, tenía varias obras de arte empaquetadas y las estaba abriendo.

También estuve presente para escribir de los planes del Parque Harrison para remodelar su fieldhouse o casa de campo.

Aparte de estas y muchas otras noticias, conocí y escribí sobre un sin numero de gente buena en la comunidad, sobre la cual aun en estos días tengo un bonito recuerdo.

Gente como Mr. Z, quien vivía en la Marshall Boulevard y Cermak, un residente que conocía a fondo a esa comunidad.

También a Frank Villa, de Cicero, quien tenía un museo de historia mexicana. Me acuerdo que lo visite para escribir una nota sobre su museo y me trato muy bien.

También recuerdo haber visitado a la artista local Mary Henríquez de Allen, quien amaba tanto al arte que aun en su jardín había decorado varias fuentes.

Trabajando en el periodismo, cada reportero enfrenta una pared, cuando ya uno no quiere creer en la humanidad de tanta crueldad que uno esta reportando.

Esta crueldad, del hombre contra el hombre, incluye robos, homicidios, suicidios, incendios, asaltos y accidentes fatales y en la comunidad siempre los ha habido.

Recuerdo la vez que un hispano, Herminio Elizalde, compro gasolina en la gasolinera de la Damen y Cermak el 30 de mayo de 1990 y luego prendió fuego a sus cinco hijos y a el mismo en el segundo piso del 2120 S. Leavitt. Esta tragedia me impacto mucho porque semanas antes Herminio había venido al periódico con una foto de su hija de 14 años que no la encontraba. Corrimos la foto en el periódico y días después la policía encontró a su hija en Waukegan.

Yo pensé que era un final feliz pero después supimos de la tragedia y tuve que escribir sobre el triste desenlace de esta familia que había venido meses antes de Laredo, Texas. Mi editor Perales me había dicho años atras, tienes que ser un cínico para ser reportero. Tenía mucha razón. Pero como respuesta siempre aparecían otras personas que llegaban al periódico anunciando un proyecto para ayudar a alguien y esto restauraba mi fe en la humanidad y en la comunidad.

Al conocer a todos los elementos de la comunidad, llegue a la conclusión que la sociedad es un juego de intereses y nada mas. Cubriendo a la comunidad de cercas, conocí a todos sus actores.

A través de una década en el periodismo, también conocí a gente famosa como Diamond Phillips, actor de la película La Bamba; Esai Morales y a Edward James Olmos, actor de Stand and Deliver cuando Olmos visito el que ahora es el Apollo 2000.

También hable con otros famosos como Santiago Jiménez, hermano del Flaco Jiménez, Arnold Schwarzenneger, Julio Iglesias, Ricardo Rocha del antiguo programa de Televisa Para Gente Grande, Amparo Ochoa, la gran cantante de corridos, y a Jose de Molina, un cantante de protesta, y varios otros personajes.

Aparte de conocer famosos, me toco cubrir el ascenso de los primeros políticos hispanos a puestos en el concilio de Chicago y la Cámara de Representantes en Springfield.

Las campañas políticas eran las muy difíciles de cubrir para mí, ya que a veces eran varios candidatos y nomás había otra persona ayudándome a cubrir y escribir noticias. Todos los demás empleados eran lo que ahora se llama el "support staff."

Durante las campañas políticas no podíamos complacer a todos. Si se escribía una nota de un candidato, el otro se quejaba y así hasta el fin de la campaña. Claro, ellos no sabían que el espacio para noticias en un periódico chico esta siempre limitado y luego si entra un anuncio de página entera, te quitan tu noticia y la tiran a la basura o la dejan esperando para un mejor dia.

Desde este palco también vi la reforma migratoria de 1986, la devastación a los servicios sociales de Ronald Reagan y después el auge por tomar control comunitario de la escuela públicas.

Esa era la vida en el Lawndalw News y West Side Times.

Antes que yo llegara al Lawndale News y West Side Times había estado ahí en los años 1970s la reportera Judy Love. Ella iba a muchos de nuestros eventos y protestas. Luego entro David Fremon, otro buen reportero. El también se lanzaba, como se dice.

Después de Fremón, llegue yo, un reportero local que conocía las broncas de la comunidad por superar las deterioradas escuelas, la falta de trabajos en la ciudad, la falta de representación política, la lucha por la Juárez y tantas luchas más por los derechos de los mexicanos en Pilsen y La Villita.

Creo que en la historia de ese periódico siempre recordaran a estos tres reporteros de la comunidad.

Como recuerdo de esta época aun guardo una carta que

me envió Cesar Chávez por mi cobertura de la campaña en Chicago contra el uso de las pesticidas por la unión de campesinos.

Otro recuerdo que guardo, aunque no fue una carta, fueron las veces que yo me encontraba al Padre David Stazek, de San Pió, en el Parque Harrison o en la avenida Blue Island, ya después que deje de trabajar de reportero.

"Tú eres un buen escritor," el Padre David siempre me decía. Años atrás yo había escrito un articulo sobre la Misión San Jose Obrero, fundada por Stazek, en la 19 y Loomis, precisamente en los años en que el presidente Reagan había cortado los servicios sociales y había dejado desamparados a cientos de personas en la calle. No sé cómo, pero el Padre Stazek me decía que ese articulo le había ayudado mucho.

Solo espero que así haya sido.

Capítulo 10:

La Biblioteca Lozano

Un día 7 de septiembre de 1989 se inauguro la nueva biblioteca de Pilsen a un costo de $4.5 millones y conteniendo 18 mil pies cuadrados de espacio para almacenar libros y para acomodar a los usuarios.

Es significante ese día, al cual llego el recién electo alcalde Richard M. Daley y otras figuras para la inauguración.

Por años la comunidad de Pilsen solo tenía pequeñas tiendas como bibliotecas en las cuales casi no cabía una colección de libros, menos un espacio para los usuarios.

"Esta biblioteca no nos llego en una bandeja de plata," comento Carmen Villareal, una bibliotecaria que había operado la pequeña biblioteca ahí al lado de la panadería el Nopal en la Avenida Blue Island.

Yo había trabajado con Villareal, allá por 1975, y recuerdo bien las condiciones de esa biblioteca y otras en la comunidad.

Siendo unos tiempos en que los mexicanos y chicanos retaron a todo el sistema, las bibliotecas no fueron la excepción.

En la pequeña biblioteca de la Blue Island había goteras cuando llovía. Los usuarios y los empleados tenían que caminar con cuidado para no mojarse. Ese era solo uno de los problemas. Había otros. Primero, no había libros en español o algo que se asemejara a una colección.

Ya en otros lugares del país, y también en las mismas organizaciones del barrio, habían empezado a organizar sus propias colecciones de libros y materiales ya que para organizar una marcha o un debate en realidad no había material para los chicanos.

Inclusive, me acuerdo, como ya lo dije en otro capitulo, en la Universidad de Iowa los estudiantes mexicanos y chicanos tuvimos que organizar nuestro propio material, incluyendo libros, para las clases de historia chicana y mexicana.

Yo en ese tiempo era un bibliotecario asociado. Me encargaba de contestar preguntas, al fin me gustaban los libros, y de conseguir material de referencia en español para la comunidad.

Con el tiempo veíamos, Carmen y yo, que tampoco había presupuesto para comprar nuevos libros.

En esa época creo que Carmen trato de comprar un libro grande sobre el arte de Picasso, esos libros grandes que en ingles les llaman *coffee table books*. Sus supervisores, que en ese tiempo estaban en la biblioteca central en la Randolph, no le permitieron a Carmen comprar el libro. Le dijeron que ese libro no era apropiado para Pilsen.

Lo que si le permitían comprar a Carmen en esos años era libros conocidos como how-to books, o sea libros que explican que hacer, como jardinería, carpintería y plomería porque pensaban los sabios de la alta esfera que esos eran los únicos libros apropiados supuestamente para nosotros.

Como en esa época había muchos refugiados chilenos que habían llegado de su país, yo les conseguía novelas y hasta ponía afiches de Chile en la vitrina. Con nostalgia estos cuates se posaban al frente de la biblioteca y miraban los afiches de la lucha de Salvador Allende, la cual se apago, con ayuda de los primos por supuesto, el 11 de septiembre de 1973.

Es por eso que en los 1980s surgió también otra lucha por cambiar el clima, se diría hoy, intelectual de la comunidad.

Se formo un Comité Para Una Nueva Biblioteca en Pilsen y la lucha comenzó allá por 1983. Anoten por ahí que desde los años 1970s la comunidad había estado quejándose.

Pero también recuerden que por esos años no teníamos a ningún concejal o alto funcionario latino en el gobierno de la ciudad, la cual aun así no dejaba de gastarse los impuestos de los mexicanos de Pilsen.

Entre los miembros del nuevo comité, de lucha diría yo, estaba Inés Loredo, Juan Morales, Lidia Romero, Raquel Guerrero y Humberto Salinas, este ultimo de Casa Aztlán, y otros lideres.

Después de acceder a la idea de consolidar las varias pequeñas bibliotecas en Pilsen, incluyendo la del antiguo Centro de La Causa, en la que también trabaje, la ciudad tardo más de cuatro años en construir la biblioteca.

La quiebra del terreno, en la esquina de la Loomis y 18, tomo lugar en septiembre de 1985.

Como en la lucha por la Secundaria Juárez, también hubo atrasos y frustración, pero no tanto coraje. La comunidad y los líderes del comité continuaron su lucha logrando lo que es ahora una realidad.

La biblioteca contiene una colección de más de 60 mil libros, aumentada por un regalo del gobierno de México de 6 mil libros en español sobre la historia y cultura de ese bello país de donde un día salimos.

El entonces cónsul general de México en Chicago, Alejandro Carrillo Castro, presento el regalo a los funcionarios de la biblioteca central en el Loop.

A la biblioteca se le dio el nombre del héroe caído, el hijo del pueblo, Rodolfo "Rudy" Lozano.

Esta facilidad fue diseñada por la ciudad y los asesores arquitectos Carow y Asociados y construida por la firma hispana, Moreno Construction Co.

En el interior tenía un solar para que entrara la luz y grandes ventanas del piso al techo alrededor del frente del edificio y grecas mixtecas en el exterior.

Cuando se abrió la biblioteca escribí una nota en el Lawndale News cuyo encabezado leía "La Nueva Biblioteca de Pilsen Surgió de la Lucha Por Mejores Servicios". En la portada puse una foto de la biblioteca, que nos brindo la ciudad, pero al lado izquierdo yo puse una foto de Rudy Lozano para que los lectores vieran la conexión.

"Día de Felicidad en Pilsen," dijo el encabezado del Sun-Times un día después de la apertura. "Biblioteca honra a activista asesinado."

"Yo espero que la comunidad aprenda apreciar lo que

vamos a tener aquí," dijo Carmen Villareal. "Y espero que los jóvenes aprendan a apreciar lo que esta siendo proporcionado a ellos."

Confieso que a través de los años he sido un fiel visitante a esta bella biblioteca y siempre me han tratado muy especial. Y es que yo llegue a trabajar con Héctor Hernández, el director; con Cristina Vital, quien se jubilo de ahí, y con Maria Reyes, con quien trabaje un verano en la biblioteca de Gads Hill.

Ah, sí, la luz que entraba al espacio al centro de la biblioteca por el solar era la luz de la sabiduría contenida en tanto libro.

Biblioteca Rudy Lozano, 2016

Mario Castillo

Ray Patlan

Marcos Raya

Salvador Vega

Capítulo 11:

Los Cuatro Grandes

Caminar por el barrio de la 18 puede dar la equivocada impresión de que siempre han existido los murales en las paredes del barrio.

Pero no es así, antes de 1968 no existían los murales en el barrio.

Esta manifestación artística se produjo por el trabajo de cuatro muralistas comenzando en 1968.

Ellos son Mario Castillo, Ray Patlan, Marcos Raya y Salvador Vega, de quienes podemos decir que son los Cuatro Grandes del muralismo Chicano en el barrio.

Mario Castillo

El pintor y muralista Mario Castillo nació el 19 de septiembre del 1945 en Rio Bravo, Coahuila, México.

Castillo era el menor de siete de familia, pero a un año

de haber nacido perdió a su padre Manuel Castillo de León a causa de un accidente eléctrico en casa.

Castillo era un niño inquieto a quien su mama, la maestra María Enríquez, lo llevaba con ella mientras ella daba clases en una escuela de Villa Unión, en Coahuila. Para mantenerlo ocupado mientras ella daba las clases, Enríquez le daba a su hijo un puñado de gises de colores y papel en el cual Castillo desde niño empezó a ejercer sus inicios en el arte.

"Yo puedo decir que esos años produjeron mis primeros murales," dijo Castillo años después a la revista Student Wanderer de Columbia College.

Cuando años después su madre María Enríquez se volvió a casar esto produjo que la familia Castillo cruzara la frontera en 1955 para irse a vivir a territorio norteamericano al pueblo de Crystal City, en el estado de Texas.

Ahí el pequeño Castillo comenzó a darse cuenta del impacto de las dos culturas y del flujo migratorio para trabajar en los campos agrícolas en otros estados.

En el verano la familia emprendía su paso a los estados de Wisconsin, Illinois y Ohio para después regresar de nuevo en el otoño a Crystal, en Texas.

Las jornadas de 6 de la mañana a las 6 de la tarde era lo común en ese entonces.

Todo esto le dejo una gran impresión al joven Castillo.

"Era trabajo difícil pero divertido; yo hacía lo mejor de la situación cantando canciones o imaginando que yo estaba en un tipo de tierra de fantasía," dijo Castillo al Southtown Economist sobre esa época de su vida.

Años más tarde, cuando el matrimonio termino en divorcio, la familia se transportó en 1962 hasta Chicago, Illinois, en donde comenzaron una nueva etapa en Pilsen.

Como su madre, María Enríquez, era una artista el arte también siempre formo parte de la vida de Castillo.

"Ella me enseño muchas cosas tales como la manera de utilizar un pincel," relato Castillo al periódico La Opinión de Los Angeles.

Es así que Castillo pudo ingresar y graduarse de la Escuela del Instituto de Arte de Chicago (SAIC) en 1969.

Durante la década de los 1960s María Enríquez conoció y se casó con Harold Allen, un instructor de fotografía en la Escuela del Instituto de Arte de Chicago.

Ella también comenzaría una carrera artística en el barrio Pilsen llevando a cabo exhibiciones y muestras de arte.

En 1968 cuando Castillo tenía 23 años el incursiono de lleno al muralismo. Ese año Castillo creo en Pilsen el mural titulado "Peace", el mismo mural que también es conocido como "Metafísica".

Este mural estaba ubicado en un muro exterior del antiguo Halsted Urban Progress Center (HUPC) del 1935 S. Halsted.

Este, a sabiendas de todos los que conocen de arte, fue el primer mural pintado por un mexicano en todo el país desde los años 1930s cuando Diego Rivera y José Clemente Orozco pintaron varios murales en algunas ciudades y universidades de Estados Unidos.

"La manera que este mural ocurrió fue por chanza nomas y el estar en el tiempo y lugar preciso," comentaría Castillo después.

Su madre María Enríquez de Allen daba clases en el HUPC y se dio cuenta de un programa que daba empleo a los jóvenes durante el verano y le urgió a Castillo a que aplicara ahí.

El joven Castillo aplico y le dieron el trabajo de líder de equipo. Había como cinco equipos.

Bajo el Neighborhood Improvement and Beautification Program, Castillo dirigía a varios jóvenes para embellecer y limpiar áreas y lotes vacantes.

Al limpiar al lado del Urban Progress Center, Castillo sugirió al director Louis Swee le permitieran pintar un mural al lado sur del edificio y recibió la aprobación.

"El mural se llamó *Peace* (Paz) porque era contra la guerra en Vietnam" dijo Castillo muchos años después. "Mientras mis amigos protestaban contra la guerra en las calles, yo hacía lo mismo con el arte en una pared de Pilsen".

Este fue el primer mural de Pilsen, pero no el primer mural en Chicago que Castillo habría de pintar.

Cuando Castillo cursaba la secundaria en Lane Technical High School, el pinto ahí un mural en 1964.

Para esta tarea se inspiró en los murales públicos plasmados ahí de la era de los 1930s por artistas bajo la Works Progress Administration (WPA) y también el conocimiento que Castillo obtuvo del trabajo de los muralistas mexicanos Diego Rivera, David Alfaro Siqueiros y José Clemente Orozco.

Pero mientras el mural en Lane Technical había sido en interiores, este nuevo mural llamado "Peace" estaba en un lugar pública.

A todas vistas, este mural era el primer mural en Pilsen y quizás también el primer mural hecho por un mexicano en todo el país en la era de los 60s.

"Este mural sirvió como la fundación para otros y abrió las puertas para el renacimiento muralista que siguió en Pilsen y el cual aún sigue fuerte," comento Castillo.

Al siguiente año, en 1969, Castillo crearía otro mural en otro sitio de Pilsen.

Este mural se llamó *La Pared de la Hermandad* y estaba ubicado en la pared sur del banco Universal Savings and Loan Association, localizado en las esquinas de las calles 18 y Halsted.

Este bello mural tenía un tamaño de 35 pies por 55 pies y fue pintado en veinte bellos colores después que una compañía de Cincinatti, Ohio, llamada Permanent Pigments Inc., dono $800 en pintura.

El tema de este mural era la hermandad conjunta de todas las razas de la Tierra.

"La Tierra debe ser una unidad integral y esa era la idea detrás del mural porque jóvenes de diferentes etnias trabajaron en el proyecto," dijo Castillo al Chicago Tribune el 7 de agosto de 1969.

A diferencia del otro mural en el Urban Progress Center, este recibió mucha cobertura en los medios.

En un canal de televisión al mismo tiempo que hablaban del aterrizaje del astronauta Neil Armstrong como el primer hombre en llegar a la luna, también hablaban de un mural en Pilsen que hacia marco al sentimiento de unidad y hermandad de todos los seres humanos.

Castillo después se iría a estudiar una maestría en arte en el California Institute of the Arts en Valencia, CA.

El artista regresaría para trabajar en la Universidad de Illinois en Chicago (UIC) pero después partiría por diez años a vivir y trabajar en el Este de Los Angeles, donde entre los muchos trabajos que tuvo que hacer para sobrevivir fue ingresar a un mariachi y ayudar a componer canciones rancheras.

El artista prodigo regresaría de nuevo a Chicago en los años 1990s para trabajar en otras instituciones como instructor de arte.

Esto incluyo trabajar en la Universidad de Illinois en Champaign Urbana enseñando y perfeccionando su estilo de arte.

Pero la gente del barrio siempre lo recordaría como el fundador del movimiento muralista en Pilsen y quizás en el resto del país.

Ray Patlan

"El arte es vida," dijo el reconocido muralista Ray Patlan durante una visita a Chicago.

Patlan estaba refiriéndose al movimiento muralista mexicano de los tiempos de la Revolución Mexicana y su impacto en mucha gente, incluyendo a los Chicanos como él.

"Los muralistas y artistas mexicanos tuvieron un efecto increíble en el mundo entero," afirmo este muralista. "No solo en los Chicanos, pero en todo el mundo con su movimiento de arte público. Y esto se quedó con nosotros, tú sabes. Yo pienso que nuestra gente se relaciona con el arte, toda la gente se relaciona con el arte."

Patlan se rio cuando le dije que él es una leyenda en el mundo del muralismo en el barrio de Pilsen.

"Soy una leyenda solamente en mi mente," me contesto y sonrió.

Pero si un hombre se puede relacionar con el muralismo que puede contar la historia de los mexicanos en el barrio de la 18, ese hombre es Ray Patlan.

Patlan fue el artista que en 1970 decoro las paredes de Casa Aztlán con bellos colores y al mismo tiempo conto la historia de los mexicanos y los Chicanos desde el punto de vista de varias luchas sociales.

He aquí la interesante historia que él me conto de como el llego a pintar los murales de este centro social en Pilsen.

"Mi primera influencia fue el haber ido a México," relato Patlan. "Mis padres Cándido y Remedios me llevaban a México cada año para ver a los parientes. Y ver los murales cuando yo era un niño, viendo los murales de los Tres Grandes y otros también como José Chávez Morado y Benito Messenger. Y cuando regresé, tú sabes, yo realmente sentí que Casa Aztlán tenía muchas placas de gente que no era Raza y la comunidad entera era ya Raza."

Así que un día el joven Patlan, de entonces 19 años, fue a hablar con el entonces director de Casa Aztlán.

"Así que fui con el director y le dije, sabes, nosotros realmente deberíamos tener algo de arte que indiqué que este es nuestro centro, que esta es nuestra comunidad," conto Patlan.

En vez de rechazarlo, el director le otorgo su permiso. Así que con la cantidad de $70 que el joven artista puso de su propio bolsillo, Patlan, y varios jóvenes de la comunidad que le ayudaron, pintaron algo que tendría un efecto más allá de las fronteras del barrio Pilsen.

El muralismo Chicano había llegado en pleno a los Estados Unidos.

He aquí como Patlan describió lo que intento hacer en este reconocido centro de Pilsen.

"Yo quería hacer una representación de la historia, la cultura y también, si has notado, demostrar la fuerza de trabajo y también lo que es la Mexicanidad; también la Revolución y la Conquista de México y pasando por la historia, tu sabes, visualmente y solo mostrando breves imágenes porque no se puede mostrar toda la historia en las paredes. Bueno Diego Rivera si podía, pero yo no era Diego Rivera," afirmo Patlan.

Aparte de imágenes de la historia de México, Patlan señalo que también incorporo imágenes del Movimiento Chicano como son las imágenes de Corky González, Cesar Chávez y los Brown Berets.

En su concepción de estos murales, Patlan señalo que las imágenes continuaban del salón principal hacia la entrada de Casa Aztlán para dar la idea que la historia continuaba en la comunidad donde los Chicanos de Pilsen luchaban por la justicia y el cambio social en varios frentes.

"Así que era como un ciclo de nuestra historia y de nuestra gente saliendo a esta comunidad para mejorar Pilsen," señalo el reconocido artista.

Patlan nació en Chicago en el año 1946. Uno de los primeros lugares en que vivió fue en la Calle Newberry cerca de la Roosevelt en el barrio de la Pequeña Italia.

Luego en 1950 su familia se mudó a La 18.

"Yo crecí en el barrio de la Taylor Street de niño, pero entonces nos mudamos a la Calle Halsted y 18; mi padre compro una casa ahí y entonces mis cuatro hermanas, mi papa y mi mama y yo vivimos ahí como unos diez años," conto el artista.

De joven asistió a las escuelas locales y luego estudio en la Secundaria Harrison.

La carrera de este artista comenzó en 1966 cuando estudio en el Instituto Allende en San Miguel Allende, Guanajuato, México.

Ahí estudio con varios instructores que habían sido colegas de los grandes muralistas. Su primer mural fue en San Miguel Allende, en Guanajuato.

Luego ingreso a la Escuela del Instituto de Arte de Chicago (SAIC) en donde estudio de 1968 a 1971.

Antes de ese tiempo, Patlan estuvo dos años en el ejército estadounidense y fue desplegado a Vietnam de 1967 a 1968.

Fue en Vietnam que plasmo otro mural a unas 30 millas al noreste de Saigón.

Posteriormente este internacionalmente reconocido artista obtuvo su maestría en arte del California College of Arts and Crafts, en Oakland California, en 1980.

Fue en 1975 que el joven artista decidió mudarse a San Francisco, California, en donde obtuvo un desarrollo profesional de una altura increíble.

El joven que salió de Pilsen con el tiempo fue profesor de arte en las más reconocidas universidades de California y algunas de México. Estas incluyeron haber enseñado arte en la prestigiosa Universidad de California en Berkeley y otras. Patlan a través de los años logro pintar cerca de cien murales en diferentes partes de Estados Unidos y México. Pero sus raíces son el barrio 18 y él siempre fue una influencia mayor que cambió el rumbo de varios jóvenes que se inspiraron en su ejemplo para seguir el camino del arte público.

Marcos Raya

Delgado y de pelo chino, Marcos Raya llego en 1964 a la ciudad de Chicago cuando el apenas tenía 16 años.

Nació el 25 de abril de 1948 en Irapuato, Guanajuato, de un padre bohemio, José Raya, a quien le gustaba la música y en hecho tocaba boleros con el grupo Los Tecolines.

Yo primero conocí a Marcos allá en el barrio de La Pequeña Italia pues su familia se mudó en frente de nuestra casa en la calle Miller.

El futuro artista era inquieto, rebelde y con el tiempo se dejó crecer su pelo chino en un amplio Afro. De joven le gustaba la música rock de los Rolling Stones y platicábamos ahí en frente de mi casa.

Luego él también se unió a un grupo de jóvenes mexicanos de ese barrió que se autonombro Los Taylor Barracudas.

Todos teníamos de 12 a unos 15 años de edad. Marcos con 16 años de edad era uno de los mayores.

Me acuerdo que yo y un amigo guatemalteco de nombre Raúl Gómez ingresamos mientras asistíamos a la Secundaria Wells a un programa llamado Upward Bound en la recién construida Universidad de Illinois en Chicago (UIC), que estaba atrás de mi casa.

Raya también pudo entrar a ese programa en donde nos daban clases todos los sabados. Fue ahí que Raya empezó a inquietarse por el arte.

El cargaba una libreta de apuntes y dibujos y nos solía decir que quería ser un pintor.

Después cuando los directores del programa nos preguntaron que queríamos hacer, muchos de nosotros les dijimos que queríamos seguir estudiando en una universidad.

Yo me fui en 1968 a la Universidad de Iowa, en Iowa City, y Marcos se fue a estudiar arte a Lenox, Massachusetts.

Ahí estudio hasta fines del 1969 y desde ahí ya nunca dejo de ser un artista ni yo de ser un activista y un escritor.

Poco después de regresar de Lenox, Massachusetts, el entusiasta joven artista pinto uno de sus primeros murales dentro de la peluquería de Fernando's Barber Shop, la que había reubicado a las cercanías de las calles Taylor y Racine.

Este mural tenía como tema la lucha contra el fascismo y el militarismo tan prevalente en Latino América en el pasado. El mural se titulaba "Caminaremos Sobre las Ruinas del Fascismo" y el mural mostraba que, sobre unos tanques militares y generales de derecha, se erguía un Emiliano Zapata como símbolo de la justicia.

Es por esa época que Marcos se fue a vivir a la Iglesia St. Joe's en la 17 y Halsted en la cual el grupo Organización de Estudiantes Latinoamericanos (OLAs, del inglés) tenía sus oficinas.

Es ahí que Raya vivió como artista en residencia hasta el año 1972. Ese mismo año Raya pinto su reconocido mural "Homenaje a Diego Rivera" en una pared al lado de una ferretería en la esquina de las calles May y 18.

En 1975 el pintor guanajuatense se fue a vivir a Casa Aztlán como voluntario y artista en residencia dando clases de arte y pintando en su tiempo libre.

Ahí trabajo dándole forma y visión a su arte por más de una década.

En Casa Aztlán este dedicado pintor plasmo un mural en la clínica médica que existía ahí llamando a la medicina gratuita como un derecho de la gente.

En el primer salón de este centro, Raya también origino un mural en donde varios personajes y obreros, mujeres y hombres, van marchando con banderas y algunos con sus puños en alto. Este mural se titulaba "El Pueblo Unido Jamás Sera Vencido". El mural duro ahí varios años hasta que un pequeño incendio lo destruyo.

Después de un cambio de administración en Casa Aztlán, Raya fue desalojado de ese centro.

El artista me conto que fue después de esto que comenzaron sus "años de perro" donde comenzó a beber alcohol por días y frecuentemente terminando en los callejones.

Aun así, después de estas borracheras, se recuperaba y seguía pintando su arte.

En 1976 Raya junto a Juanita Jaramillo, Salvador Vega y Aurelio Díaz pintaron un mural llamando a la unidad y resistencia contra las redadas de la Migra, uno de los primeros murales públicos llamando atención a esta situación. Este mural estaba en el Parque Dvorak.

En 1979 Raya y otros muralistas como Malú Ortega, Salvador Vega y Jaime Longoria pintaron el innovador mural "A La Esperanza" en una extensa muralla de la Secundaria Benito Juárez.

Luego en 1982 Raya pinto una sección del mural "Contra La Tercera Guerra Mundial" en el embancamiento del ferrocarril en la esquina de la calle 18 y la avenida Western.

Este mural hace alusión al fascismo y militarismo en Centro América mostrando al pueblo derrocando una estatua del dictador Anastasio Somoza de Nicaragua.

El mural también contiene una imagen del guerrillero Ernesto "Che" Guevara.

Anteriormente Raya y un joven llamado Salvador Vega habían ya pintado la fachada de Casa Aztlán con imágenes de diseños aztecas y personajes como Che Guevara, Benito Juárez, Augusto Sandino, Frida Kahlo, Cesar Chávez y Rudy Lozano.

"Al comienzo no querían que pintara a Che Guevara," me conto Raya. "Me decían que el Che no era Chicano, pero yo lo pinte más por razones ideológicas."

A pesar de sus tropiezos con el alcohol, este pintor que dejo su huella en el muralismo del barrio, logro con el tiempo llegar a una audiencia más amplia.

Sus murales están en varios libros de arte y tuvo la oportunidad de exhibir sus trabajos en importantes museos de la ciudad, del país y de Europa y México.

Pero mi imagen más perdurable de él, a pesar que lo conocí desde que llego de México, es cuando yo lo visitaba en su estudio en Casa Aztlán o en su estudio de la 19 y Carpenter.

Ahí siempre estaba rodeado de sus pinturas y de interesantes objetos que él recogía de la calle para armar esculturas de arte.

Pero siempre, al mismo tiempo que el pintaba, siempre estaba escuchando música de blues de figuras como Muddy Waters y Howling Wolf, un gusto de Raya de toda su vida.

Y es que la música de rock y blues siempre lo movió, lo impulso, desde que comenzó su carrera de ser un artista comprometido con el barrio de la 18.

Salvador Vega

Salvador Vega era un joven de 17 años cuando comenzó a interesarse por el arte.

En la secundaria Harrison él había conocido a otro joven de nombre Aurelio Díaz. A Díaz le gustaba pintar y eso produjo en Vega una fuerte impresión.

Vega había nacido el 6 de mayo de 1957 en Chicago de padres mexicanos oriundos de Monterrey, México. Su padre, Agustín Vega, había seguido las piscas o cosechas en la Florida, Ohio y Michigan antes de decidir quedarse a vivir en Chicago en los años 1950s.

Agustín conoció a Evangelina Aguilar en Chicago, con quien se casó y procreo a tres hijos y tres hijas. Salvador era el mayor de los seis.

Salvador asistió a la escuela de la Providencia de Dios y luego a la Jungman Elementary en Pilsen. Al moverse la familia en 1963 a La Villita, Salvador ingreso a la escuela McCormick en las calles 27 y Sawyer.

"En esa época no había mexicanos al sur de la Calle 26," recuerda Vega. "Éramos los únicos mexicanos en nuestra cuadra."

Luego de ingresar a la secundaria Harrison el futuro pintor sintió una fuerte atracción por el arte.

"Sentía una inclinación que yo podía dibujar porque yo veía a mi prima Diana Solís dibujando," recordó Vega durante una entrevista.

Siendo esta la turbulenta época de la lucha por los derechos civiles de los afroamericanos, Salvador comenzó a sentir una inquietud por saber más de su propia identidad como hijo de inmigrantes mexicanos.

Ya para entonces Salvador había oído del trabajo de Mario Castillo y de los murales de Ray Patlan en Casa Aztlán.

"Aun yo no había tomado la brocha," me dijo este pintor, "cuando Aurelio Díaz me llevo a conocer un centro llamado Rubén Salazar que estaba en las calles 33 y Ashland." Pero fue un viaje a México por todo un mes en compañía de Aurelio Díaz y otro amigo de ellos de nombre Rigoberto que le presento el horizonte artístico del movimiento muralista mexicano.

Ya para entonces Salvador tenía 20 años y este viaje

por auto a ciudades como Guadalajara, Jalisco, y Morelia, Michoacán, y otras ciudades le abrieron los ojos al importante papel que puede jugar el arte público en una sociedad como la nuestra.

Ya de regreso a Chicago a Vega le intrigo saber más sobre los murales como el mural de Ray Patlan que estaba en las calles 21 y Blue Island que mostraba a varios simbolismos aztecas.

"La comunidad negra tenía unos murales intensos, bellos de su identidad, de su orgullo y de su lucha," recordó Vega. "Y entonces comencé a ver que la comunidad mexicana también estaba haciendo esto."

Fue en la cafetería de la Secundaria Harrison que Vega plasmo su primer mural titulado "La Madre Tierra." Para sorpresa de él, los muralistas Mario Castillo y Ray Patlan fueron a visitarlo un día para examinar su trabajo.

"Quedaron impresionados," recordó este muralista.

Al graduarse de la secundaria en 1975, Vega opto por seguir estudiando en la Escuela del Instituto de Arte de Chicago (SAIC, en inglés).

Ahí duro tres años y como sucede en las familias menos acomodadas, los gastos le previnieron continuar y graduarse.

Por este tiempo conoció a Marcos Raya, quien en esa época estaba de artista en residencia en Casa Aztlán.

"El me abrió algunas puertas," recordó Vega. "Yo necesitaba desarrollar más mi consciencia como pintor y como mexicano."

Al lado de Raya como tutor y amigo, Vega comenzó un

periodo de aprendizaje sobre la teoría y práctica del muralismo Chicano.

Vega ayudo a Raya a plasmar los bellos murales en la fachada de Casa Aztlán, cuando era un centro nacionalmente conocido.

Vega pinto a la familia mexicana arriba de la entrada. También pinto al organizador de los campesinos, Cesar Chávez.

Vega permaneció tres años en Casa Aztlán, del 1980 al 1983. Esa instancia ayudo a Vega a forjar una gran amistad con Raya que culmino en hacerse compadres.

Raya le pidió a Vega que le bautizara a su hijo, Marquitos, y así sellaron una amistad que continuo por toda una vida.

En 1979 Vega fue uno de los pintores seleccionados para pintar el gigantesco "Mural a la Esperanza" en una pared exterior del gimnasio de la entonces nueva Secundaria Benito Juárez.

Los otros pintores fueron, Jimmy Longoria, Marcos Raya, Malú Alberro y Oscar Moya.

Vega fue también el pintor de un admirable mural que por desgracia ya desapareció y ya no se puede apreciar.
En la esquina noroeste de las calles 18 y Ashland, Vega plasmo su magistral obra "Hombre Disfrutando el Sol"

Este mural mostraba a un hombre de la cintura para arriba con sus brazos extendidos hacia arriba y su rostro al sol. De sus dos brazos brotaban raíces.

Como surgió este bello mural de este artista es una interesante anécdota que Vega me conto. Un día mientras Vega caminaba por el barrio noto un bello espacio en la mencionada esquina. Visito al dueño Alfredo García y le pidió el espacio.

El dueño pensó que Vega quería proponerle pintar un anuncio comercial hasta que Vega le explico.

"El me empezó a dar unas ideas de lo que él quería ahí y yo le dije que eso no era lo que yo quería, yo le dije que yo quería pintar mi propia idea," recordó Vega.

Entendiendo de qué se trataba, el dueño del espacio le proporciono la suma de $200 para los materiales.

"La idea era tan simple," dijo Vega a este autor. "Nomas con ser parte de lo que el sol nos ofrece es algo magnifico."

Después de un tiempo Vega se ausento de Chicago e inclusive llego a vivir en el estado de Wisconsin en donde este muralista hizo varios trabajos comerciales.

En años más recientes, Vega junto a Roberto Valadez pintaron un mural en la esquina de las calles St Louis y 26 para un bufete médico.

Ese mural les rinde homenaje a los elementos del fuego y agua en la cosmovisión Maya.

Y aunque los años pasan, es indudable que Vega siempre será considerado uno de los Cuatro Grandes del muralismo Chicano en la Ciudad de los Vientos.

Capítulo 12:

Un Recorrido por el Barrio

Un recorrido por el barrio de la 18 tendría que comenzar por el lado Este donde la construcción del Dan Ryan Expressway en 1962 le corto un segmento a Pilsen.

Cerca de ahí, en las calles 18 y Des Plaines, esta la iglesia Providencia de Dios, lugar que visitara el Papa Juan Pablo II el 5 de octubre de 1979. Una inscripción en una esquina de la iglesia recuerda ese momento histórico cuando el Santo Padre paso en la madrugada rumbo al Grant Park.

Cientos de fieles, muchos de ellos mexicanos de Pilsen, acamparon afuera de la iglesia desde temprano en la mañana para poder ver al Papa Juan Pablo II.

Pasando la iglesia, de la Des Plaines a la Newberry y de la 18 hasta la Cermak, existe lo que se puede decir es Podmajersky Village, una serie de propiedades de John Podmajersky, un rehabilitador de bienes raíces quien desde los años 1970s ha querido crear un tipo de colonia artística rentando a artistas mayormente blancos.

De vez en cuando los residentes mexicanos de Pilsen han efectuado protestas contra el "Pod", como se le conoce. Aunque invisible a nuestros ojos, el barrio de Pilsen esta saturado de historia, mayormente obrera.

Por ejemplo, en 1877 estallo en Chicago y en el país lo que se conoce como La Gran Huelga de los ferrocarrileros. Un resultado de esto fue la Batalla del Viaducto, en las calles 16 y Halsted, un encuentro violento entre el 22do regimentó de la infantería de Estados Unidos y huelguistas, la mayoría de ellos inmigrantes suecos, polacos, irlandeses y alemanes.

El encuentro del día 26 de julio del 1877 en el viaducto, dejo un saldo de treinta muertos y doscientos heridos.

También en la Western y la Avenida Blue Island tomo lugar una grande huelga de trabajadores de la McCormick Reaper Plant en abril de 1886.

Los eventos de ahí, donde dos huelguistas fueron muertos, se supone que por los guardias Pinkerton, impacto en lo que sucedió el 4 de mayo 1886 en Haymarket Square y los Mártires de Chicago.

Caminemos ahora rumbo oeste por la 18 y lleguemos a la Avenida Racine.

Cerca de ahí en la 18 y Allport esta el majestuoso edificio Thalia Hall, el que fuera en tiempos pasados un centro cultural bohemio. Aqui había un teatro, salones para reuniones y oficinas para las organizaciones de los bohemios de Europa del este.

Por mucho tiempo hasta el 2000, este centro, propiedad de un hispano, permaneció cerrado, excepto por sus apartamentos. Después de venderlo al comienzo de los años 2000, a los nuevos empresarios les dieron ganas de remodelarlo y volverlo abrir.

Al otro lado de la calle, esta la Iglesia San Procopio. La Madre Teresa, de la India, visito esta iglesia en 1986 para inaugurar las Misioneras de la Caridad, una nueva orden religiosa.

Entre curiosos y fieles que querían ver ese dia a la Madre Teresa, la iglesia, construida en 1876, se lleno a capacidad. Desde la entrada apenas si alcance a ver a la santa monja de lejos.

Cerca de ahí, en la 18 y Loomis, también cruza la Avenida Blue Island, la cual el 2 de noviembre del 2003 fue designada con el titulo honorífico de Avenida Cesar Chávez, de las calles 18 a la 21.

Construida en 1854, esta avenida diagonal era antes conocida como "la carretera negra" por las brasas de leña que le agregaban a la avenida para elevarla.

Este estrecho de esta avenida siempre ha estado lleno de restaurantes, taquerías y panaderías mexicanas.

En el 1821 S. Loomis, en lo que ahora es un lote de estacionamiento, estaba antes el Cine Villa, un cine mexicano.

Aparte de servir como cine, El Villa también servia como lugar para eventos políticos y culturales de las organizaciones locales como CASA-Hermandad General de Trabajadores y de La Compañía Trucha, nuestro grupo de teatro.

Al cerrarse el Villa, el edificio fue demolido en los años 1970s.

En la esquina de la 18 y Loomis está la Biblioteca Lozano, de la cual ya se hablo en otro capitulo. Al frente esta una pequeña plazoleta llamada Tenochtitlan que la ciudad inauguro el 13 de octubre del 1998. El escudo de México, la estatua del águila y la serpiente, fue una donación de México en mayo del 1997.

La pequeña plaza es lugar de constantes protestas, conferencias de prensa y también un lugar de descanso para decenas de personas sin trabajo y sin hogar que se congregan aquí a diario durante los meses cálidos del año.

Danzantes aztecas también de vez en cuando ensayan ahí en la placita, como lo ha hecho mi grupo Coyolxauhqui Danza Azteca. Es un lugar para comulgar con el pueblo.

Al otro lado, en la esquina de la Blue Island y 18, esta el edificio que albergaba a la estación Radio Arte 90.5 FM y a la organización Yollocalli. En este mismo lugar estaba antes un popular restaurante llamado La Parrillita, propiedad de Rodolfo Lara, el Pelón.

Este era muy popular y aquí se podían encontrar en el pasado a todas las figuras de renombre de Pilsen entre comerciantes como Marcial Villareal a activistas y la gente común de la comunidad.

Es por este crucero que también caminaba el famoso cantante Joan Sebastián en la década de los años 1970s cuando el vivía en Chicago y aun no era tan famoso. El entonces usaba su nombre de pila, Jose Manuel Figueroa.

Figueroa o Sebastián, trabajo por un tiempo en el Supermercado Cárdenas, de la 18 y Wood, y en Tamales Monterrey, en la Cermak, donde ahora esta la tienda La Huacana.

De vez en cuando Figueroa, quien vivía en el segundo piso del 2036 W. 18th Place, en Pilsen, aparecía en la televisión en español, en "El Show de Bernardo Cárdenas" y en el show de Esteban Velásquez, "Viernes Espectaculares."

Amigos de Joan Sebastián, como el famoso actor local de cine Salomón Carmona, recuerdan que Figueroa aun en esos tiempos durante sus ratos de descanso levantaba su guitarra y entonaba nuevas canciones que el compuso en Chicago y que después serian éxitos.

Por el mismo lado de la 18, en el 1439 W. 18th, donde ahora esta el Café Jumping Bean, estaba antes la peluquería de Nick Velásquez.

Nick tenía su peluquería llena de fotos de Emiliano Zapata y Francisco Villa y mucha gente se pasaba un rato admirando las fotos de estos revolucionarios mexicanos, inclusive fotos de la peluquería aparecían en revistas de aquí y de lejos.

Cuando yo era reportero se me ocurrió entrevistarlo. Le encargue a la artista Diana Solís tomar las fotos y yo grabe la entrevista.

Luego transcribí la entrevista y la publiqué en una página entera del West Side Times donde yo ya era el editor. El amable peluquero dijo muchas cosas interesantes, incluyendo que él había conocido a Jane Addams y había visto cuando joven al famoso gánster Al Capone.

Enfrente de ahí, en el 1436 al oeste de la 18, esta el centro comunitario de la Asociación Pro-Derechos Obreros (APO), en lo que antes era el Templo Smirna.

Este edificio, de cuatro pisos, lo compro APO en 1982 por $25 mil dólares.

Entre los miembros de APO en ese entonces estaban Pablo Torres, Ramiro Borja, Rita Bustos, Bernardino Echeverria y Humberto Salinas.

Este edificio, construido en 1883, incluía una iglesia, salón y oficinas y era antes parte de la comunidad checa y bohemia pero ahora es un complejo cultural mexicano con clases, galerías y actividades para la comunidad mexicana. En la esquina noreste de la Ashland y calle 19 esta la oficina postal del área, la cual fue nombrada oficina postal Cesar Chávez el 2 de noviembre del 2003 durante una ceremonia asistida por dignatarios y gente de la comunidad.

En el vestíbulo de la oficina postal cuelgan grandes replicas de estampillas de Frida Kahlo, el Cinco de Mayo y de Cesar Chávez, este ultimo recordándole a todo aquel que se interese que "si se puede".

A pocos pasos al oeste, en la extensión de cuadra entera de la escuela Cooper, del lado de la calle 18th Place, está la obra del artista Francisco Mendoza, nacido en Blue Island, Illinois.

Mendoza, y un equipo de jóvenes, crearon 44 cuadros de héroes y figuras mexicanas como Cuauhtémoc, Miguel Hidalgo, José María Morelos, Pedro Infante, Jorge Negrete, María Félix, Mario Moreno Cantinflas y muchos otros. En colores brillantes, los cuadros, hechos en mosaico de Venecia, resaltan la rica herencia mexicana de los residentes de la 18. Bien vale pasar por ahí de vez en cuando.

En el Parque Harrison, 18 y Wood, también esta la Academia Orozco, una escuela con un grandioso edificio, inaugurada en 2000 y también cubierta de murales. Al otro lado del parque esta el Museo Nacional de Arte Mexicano, abierto al público el 27 de marzo de 1987.

El museo es una constante fuente de exhibiciones y eventos sobre el arte y la cultura de México. Desde que abrió sus puertas, por aquí han pasado distinguidos visitantes como Carlos Fuentes, Octavio Paz, Elena Poniatowska y la noble Rigoberta Menchú.

El líder Cesar Chávez también visito aquí antes de fallecer dos semanas después en Arizona el 23 de abril de 1993.

Un grandioso servicio solemne al aire libre se celebro aquí en este parque el dia 19 de junio de 1993 por varias organizaciones para honrar la memoria de Cesar Chávez, quien inspirara a mucha gente a defender sus derechos con su ejemplo vivo.

El parque en sí, llamado Parque Zapata por los más conscientes, es un reposo verde donde la gente va a jugar deportes o simplemente a caminar y disfrutar de los días cuando aun no nos invade el invierno.

En los últimos años el barrio de la 18, también conocido como Pilsen, ha atravesado por un proceso de gentrificación, pero el barrio aún mantiene su esencia mexicana.

Este interesante e histórico barrio, podemos asegurar, siempre será un punto de interés para residentes y visitantes de toda la ciudad.

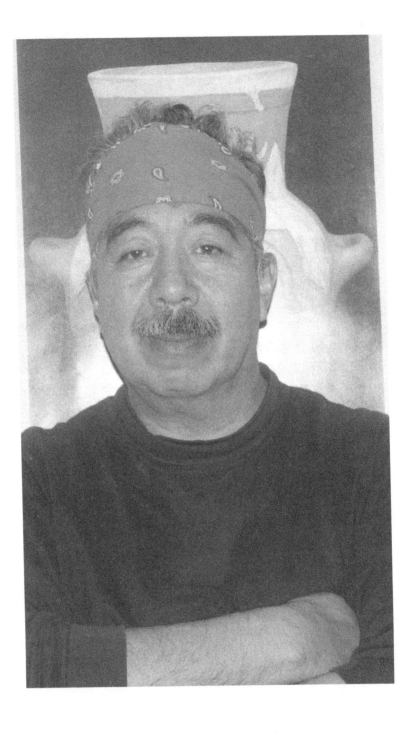

Antonio Zavala

Antonio Zavala es un escritor mexicano nacido en Michoacán, México. Su primer libro Pale Yellow Moon es una colección de 15 cuentos en inglés que tocan temas y ambientes locales, como Pilsen, Wicker Park y Chinatown. Memorias de Pilsen es su segundo libro, una narrativa no ficticia de lo que le tocó vivir y participar en el Movimiento Chicano y además nos acerca a algunos activistas de Chicago.

Actualmente, Zavala acaba de terminar otro libro que será una colección de cuentos en español. Zavala comenzó a escribir desde que asistía a la Secundaria Wells en Chicago. Ahí una maestra, Miss Tello, reconoció su talento.

Aparte de activista y escritor, el autor ha ejercido el periodismo la mayor parte de su vida y además ha enseñado clases en las escuela públicas, incluyendo Kanoon Magnet en La Villita. Asimismo enseñó en el Colegio San Agustín en Chicago. Zavala dice haber aprendido a partir de sus experiencias en común con su comunidad en Chicago al luchar por la igualdad y la justicia.

Publicado por
Tenoch Press
2018

CPSIA information can be obtained
at www.ICGtesting.com
Printed in the USA
LVHW091752120919
630868LV00007B/1030/P